Benischek / Summer / Zeindl-Steiner

Lernen mit Teo & Tia

2. Klasse Volksschule

W0357788

Mathematik

Richtig lernen – gezielt trainieren!

G&G

Inhalt

Flächen	4
Zahlen bis 100	5–9
Schätzen und Zählen	10
Mit Würfeln bauen – Würfelgebäude	11
Plusrechnen im Zahlenraum 100	12–16
Unser Geld – Euro und Cent	17
Minusrechnen im Zahlenraum 100	18–21
Längen messen und zeichnen – Zentimeter	22
Längenmaße (m, dm, cm)	23
Grundvorstellungen zum Malnehmen	24–27
Verdoppeln, Verzehnfachen	28
Verzehnfachen, Verfünffachen	29
Verfünffachen, Verneunfachen	30–31
Versechsfachen	32
Verdreifachen	33
Vervierfachen	34
Versiebenfachen	35
Verachtfachen	36
Aufgaben zum Rechnen und Nachdenken	37
Kniffelige Aufgaben	38
Multiplizieren und Dividieren	39
Passende Lösungswege finden	40
Wege gehen und beschreiben	41
Spiegelfiguren – Symmetrie	42
Verschiedene geometrische Körper	43
Gewicht – Kilogramm und Dekagramm	44
Die Zeit	45–46
Liter und Diagramme	47

Die Aufnahme in den Anhang zur Schulbuchliste für die unten angeführte Schulart, Klasse und den Unterrichtsgegenstand wurde vom Bundesministerium für Bildung, Wissenschaft und Forschung mit BMBWF - Präs/14 (Bildungsmedien), Geschäftszahl: 2020-0.046.338, vom 20. April 2020 empfohlen: für die 2. Schulstufe an Volksschulen im Unterrichtsgegenstand Mathematik

www.ggverlag.at

ISBN 978-3-7074-2205-4

Schulbuchnummer 200.483

In der aktuell gültigen Rechtschreibung

2. Auflage 2023

Illustrationen: Cornelia Seelmann

Printed by Drukarnia Interak Sp. Z o.o., Czarnków, Polen

© 2020 G&G Verlagsgesellschaft mbH, Wien
Alle Rechte vorbehalten. Jede Art der Vervielfältigung, auch die des auszugsweisen Nachdrucks, der fotomechanischen Wiedergabe sowie der Einspeicherung und Verarbeitung in elektronische Systeme, gesetzlich verboten.
Aus Umweltschutzgründen wurde dieses Buch auf chlorfrei gebleichtem Papier gedruckt.

Liebe Eltern,

das Buch „Lernen mit Teo und Tia Mathematik 2“ deckt die Lehrplaninhalte und Kompetenzen, die Schülerinnen und Schüler in der zweiten Schulstufe erwerben sollen, schrittweise und auf Grundlage von wissenschaftlichen Erkenntnissen ab.

Um Problemen im Umgang mit zweistelligen Zahlen entgegenzuwirken, werden Anleitungen und Aufgabenstellungen für die Erarbeitung eines Grundverständnisses dargeboten, das auch die Grundlage für Plus- und Minusaufgaben sowie für das Erlernen der Malaufgaben ist. Geeignete Darstellungsmöglichkeiten helfen den Kindern, Zehner und Einer bewusst zu unterscheiden.

Am Beginn jeder Aufgabenserie geben die Tigerin Tia und Tiger Teo Hinweise oder diskutieren unterschiedliche Lösungsstrategien. Die Inhalte sind so aufgebaut, dass die Reihenfolge der Seiten eingehalten werden soll. Neue Themen setzen die Kenntnis bereits zuvor behandelter Inhalte voraus.

Damit Kinder ein Verständnis für größere Zahlen entwickeln, werden Mengen durch Bündeln strukturiert und unterschiedlich dargestellt. Zahlen können mit Zehnerstangen und Einerwürfeln sowie am Hunderterpunktefeld dargestellt werden. Für das Ordnen und Vergleichen von Zahlen wird der Rechenstrich genutzt.

Das Verständnis für Zahlen ist für das Rechnen zentral. Viele Rechenwege basieren auf dem Zerlegen der Zahlen in ihre Stellenwerte und dem Nutzen von Analogien. Daher ist für das Rechnen mit Zahlen im Zahlenraum 100 die Kenntnis der Grundaufgaben eine notwendige Voraussetzung (siehe Band 1 dieser Reihe).

Beim Lösen von Plus- und Minusaufgaben im Zahlenraum 100 liegt das Augenmerk darauf, dass unterschiedliche Rechenwege vorgestellt und umgesetzt werden. Der Fokus liegt im flexiblen Anwenden der Lösungswege und in der Darstellung dieser Operationen. Das Hunderterpunktefeld findet sich zum Ausschneiden im Lösungsteil und wird für das Darstellen von Zahlen und für die Erarbeitung der Malaufgaben benötigt. Ebenso werden Faltbüchlein zum Üben und Automatisieren der Aufgabenserien zur Verfügung gestellt.

Beim Erarbeiten der Einmaleins-Aufgaben wird nach dem Prinzip der Ganzheitlichkeit vorgegangen: Die Kinder sollen nicht Malreihe für Malreihe (unverstanden) auswendig lernen, sondern die Zusammenhänge zwischen den Malaufgaben kennen und nützen lernen. So werden zunächst die sogenannten Kernaufgaben erarbeitet und von diesen ausgehend die weiteren Malaufgaben abgeleitet. Ziel ist bei der ganzheitlichen Methode, dass die Kinder letztlich die Einmaleins-Aufgaben vollständig automatisiert beherrschen.

Im Bereich der Geometrie und Größen werden Grundbegriffe eingeführt, vertieft und geübt, Sachverhalte der Umwelt werden thematisiert und räumliche Vorstellungen aufgebaut.

Die geforderten Kompetenzbereiche der Bildungsstandards sowie der Verweis auf den Lehrplan werden bei den Lösungen genannt. Die Aufgaben sollen selbstständig bearbeitet werden. Die Lösungen ermöglichen die Selbstkontrolle. Wenn die Aufgaben korrekt gelöst und gekonnt werden, so kann Ihr Kind in das vorgesehene Feld einen Sticker kleben (= Feld mit grauem Tiger oben auf jeder Seite). Die Sticker dokumentieren den Lernfortschritt Ihres Kindes.

Wir wünschen viel Freude beim Verstehen, Üben und Lernen!

Isabella Benischek, Anita Summer, Regina Zeindl-Steiner

Flächen

Rechtecke, Quadrate, Dreiecke und Kreise sind Flächen.

1. Tia sagt: „Rechtecke sind besondere Vierecke. Quadrate sind besondere Rechtecke." Hat sie damit recht? Begründe deine Meinung.

2. Wie viele?

a. 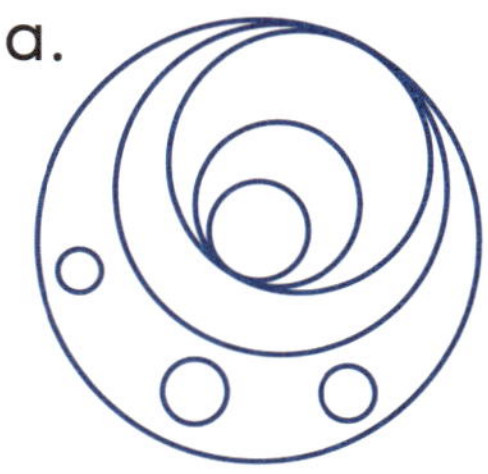

____ Kreise

b. 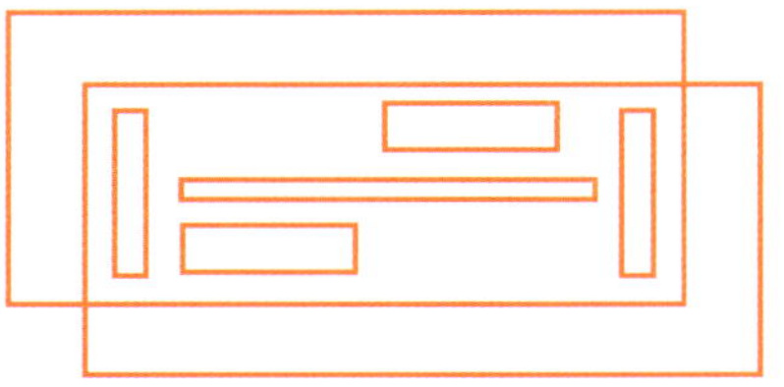

____ Rechtecke

c. 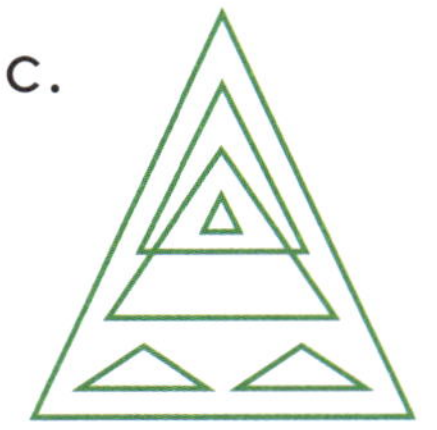

____ Dreiecke

3. Die Flächen liegen übereinander. Wie viele Flächen sind es?
Welche Fläche liegt ganz unten? Welche Fläche liegt ganz oben?

a. 

Rechtecke	
Quadrate	
Dreiecke	
Kreise	

unten: ____________

oben: ____________

b. 

Rechtecke	
Quadrate	
Dreiecke	
Kreise	

unten: ____________

oben: ____________

4. Setze das Muster fort.

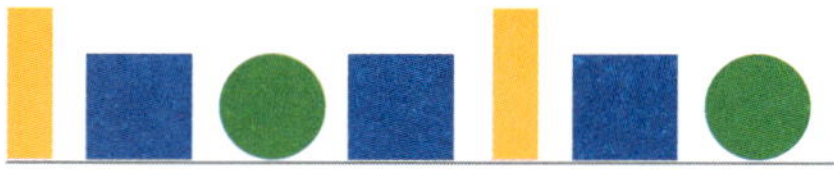

Erfinde selbst ein Muster. ____________

© Lernen mit Teo & Tia, G&G Verlag

Zahlen bis 100 – Bündeln

Ich habe gezählt.
Es sind 27 Würfel.

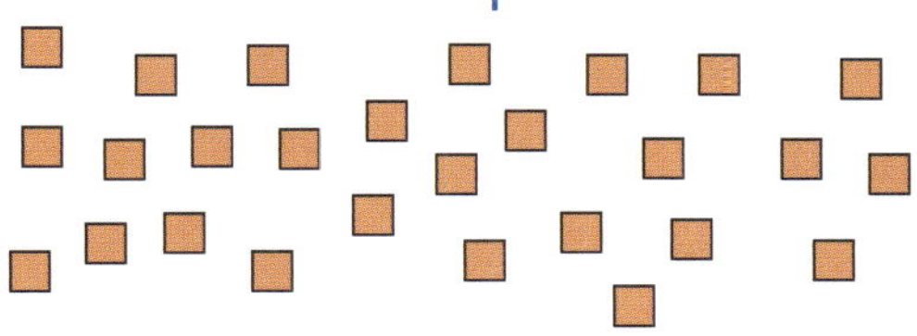

Ich habe immer 10 Würfel zusammengelegt.
So sehe ich genau 27 Würfel.

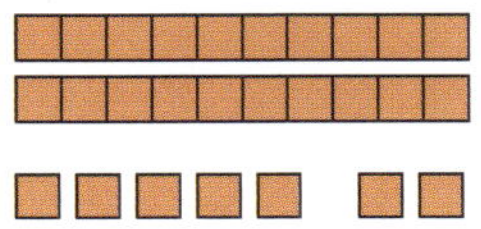

Immer 10 Würfel ergeben ein volles Zehnerfeld.

10 Würfel können aber auch zu einer ZEHNERSTANGE zusammengelegt werden. Zeichne sie so:

Die Einzelnen – die EINER – bleiben so:
Bündeln hilft für das Erfassen der Menge ohne ein Zählen aller Elemente.

1. Finde Zehner und verbleibende Einer.

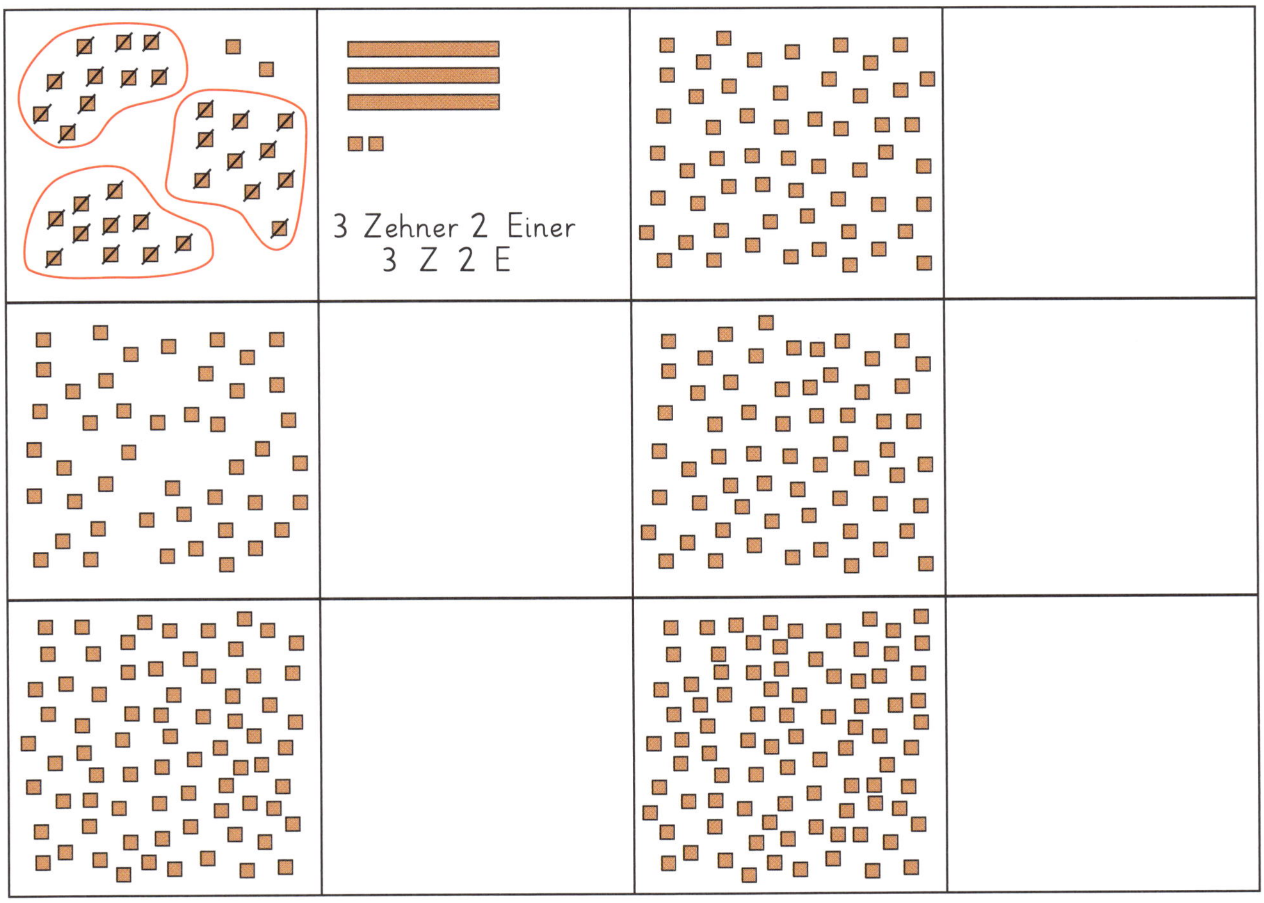

2. Gestalte weitere Aufgaben nach diesem Vorbild. Arbeite in deinem Heft.

Zahlen bis 100 – Stellenwert

ZEHNER und EINER haben in einer Tabelle ihren bestimmten Platz:

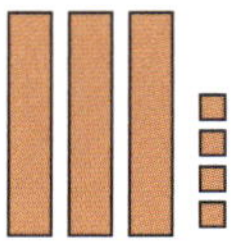

3 Zehner
4 Einer

3 ZEHNER in die Zehnerspalte.
4 EINER in die Einerspalte.
In der Stellenwerttabelle sehe ich wie viele E und wie viele Z ich habe.

Z	E
3	4

EINER belegen immer die Einerstelle. ZEHNER belegen immer die Zehnerstelle. Es kann vorkommen, dass die Einerstelle oder die Zehnerstelle leer bleibt. Die leere Einerstelle muss mit einer Null belegt werden. Die leere Zehnerstelle muss nicht belegt werden, da 04 und 4 für die gleiche Anzahl stehen. An verschiedenen Stellen hat dieselbe Ziffer eine unterschiedliche Bedeutung.

Z	E
4	0

Z	E
0	4

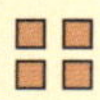

1. Suche den richtigen Platz für ZEHNER und EINER. Ergänze.

		Z	E			Z	E
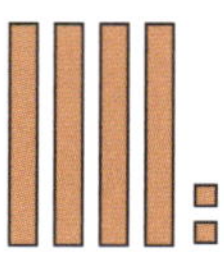	4 Zehner 2 Einer	4	2	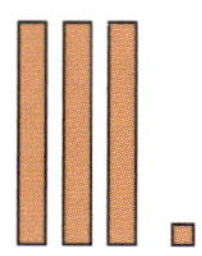	3 Zehner ___ Einer		
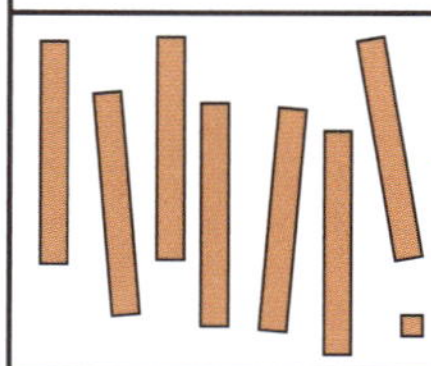	___ Zehner ___ Einer			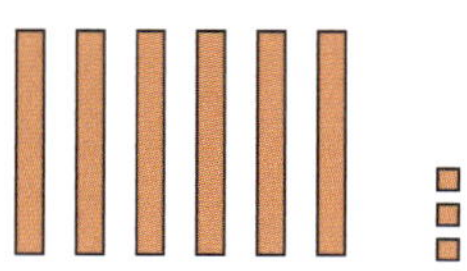	___ Z ___ E		
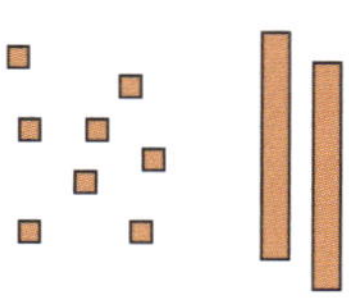	___ Zehner ___ Einer			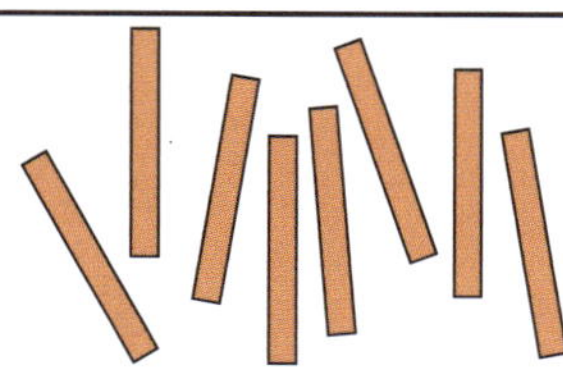	___ Z ___ E		
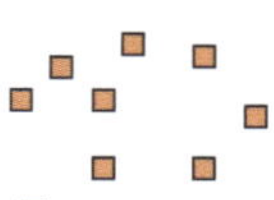	___ Z ___ E			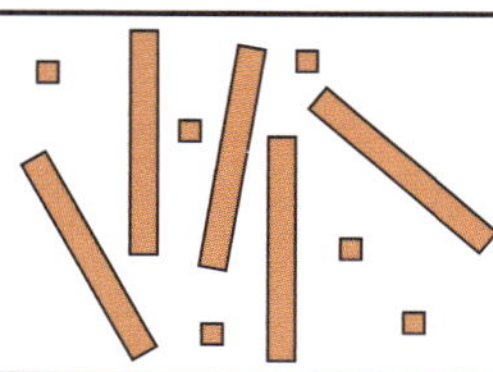	___ ___		

2. Gestalte weitere Aufgaben nach diesem Vorbild. Arbeite in deinem Heft.

© Lernen mit Teo & Tia, G&G Verlag

Zahlen bis 100 – Sprechweise

4 ZEHNER und 2 EINER (4 Z 2 E) ergeben
die gesprochene Zahl → zwei-und-vierzig → 42

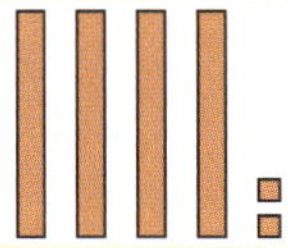

Dann werden 5 ZEHNER und 4 EINER
als vier-und-fünfzig → 54 gesprochen.

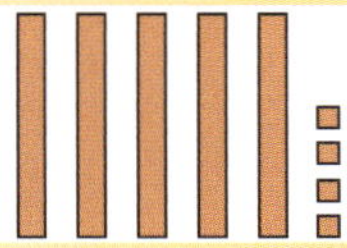

Die Sprechweise ist umgekehrt zur Schreibrichtung.
Schreibrichtung: Zuerst die ZEHNER → dann die EINER.
Sprechweise: Zuerst die EINER → dann die ZEHNER.

1. Die ZEHNERZAHLEN werden meist als -ZIG-Zahlen (**Z**ehner **I**m **G**anzen) gesprochen → 4 Z = vierzig. Es gibt Sonderfälle, die in der folgenden Tabelle rot hervorgehoben sind. Die Einer werden zuerst gesprochen. Dann folgen die Zehner = -ZIG-Zahl.

Z-Stangen	Z	Zahl	Sprechweise
|	1 Z	10	zehn
||	2 Z	20	zwanzig
|||	3 Z	30	dreißig
||||	4 Z	40	vierzig
|||||	5 Z	50	fünfzig
| |||||	6 Z	60	sechzig
|| |||||	7 Z	70	siebzig
||| |||||	8 Z	80	achtzig
|||| |||||	9 Z	90	neunzig
||||| |||||	10 Z	100	hundert

Stellen-werte	Tabelle Z	Tabelle E	Sprechweise	Zahl
4 Z 5 E	4	5	fünfundvierzig	45
6 Z 7 E				
1 Z 9 E				
3 Z 2 E				
8 Z				
4 Z 3 E				
9 Z 6 E				

10 Zehner werden zu einer Hunderterplatte zusammengelegt → 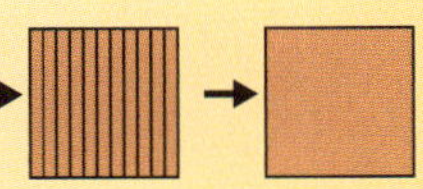

10 Zehner = 1 Hunderter

H	Z	E
1	0	0

Die Stellenwerttabelle bekommt links eine Spalte dazu.

© Lernen mit Teo & Tia, G&G Verlag

Zahlen bis 100 – Hunderterfeld

Zahlen können auch am Hunderterfeld dargestellt werden. Das Hunderterfeld besteht aus 10 Zehnern.

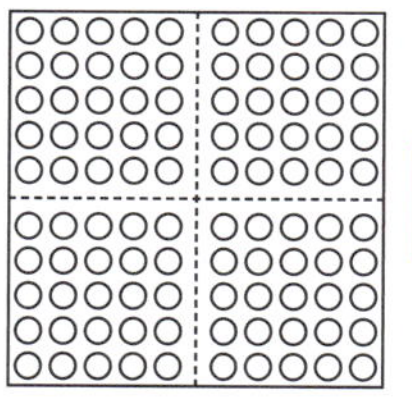

10 Zehner = 1 Hunderter

46 besteht aus 4 Z und 6 E und lässt sich mit 40 + 6 am Hunderterfeld darstellen.

4 Z
6 E

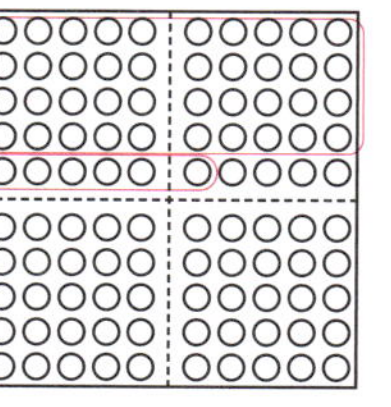

Nutze beim Finden der Zahlen zuerst die geordneten Zehner und dann schaue auf die Einer. So lassen sich alle Zahlen finden und darstellen.

1. Welche Zahlen sind dargestellt?

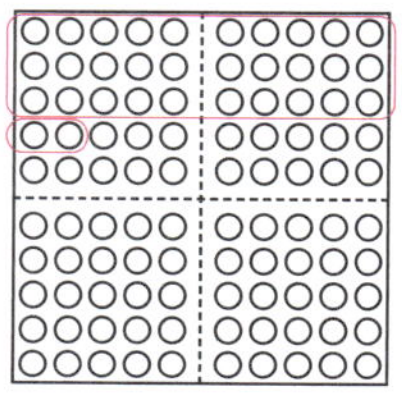

Z	E
3	2

32

30 + 2
zweiunddreißig

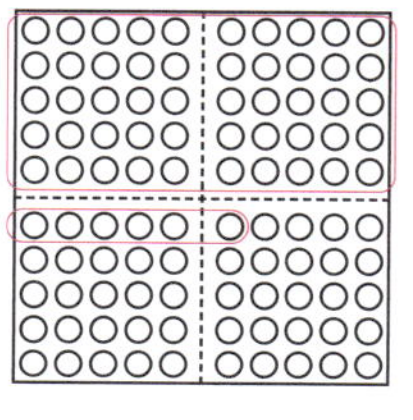

Z	E

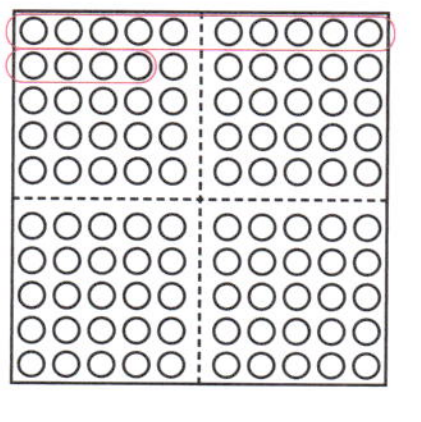

Z	E

2. Zeichne die Zahlen ein und vervollständige.

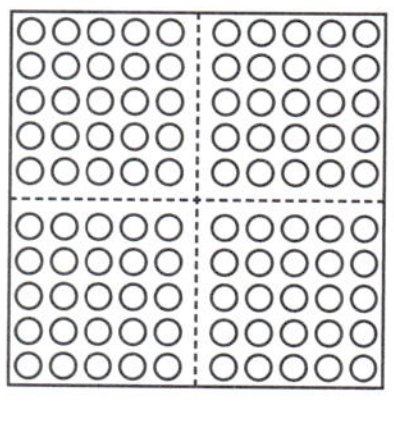

Z	E
4	7

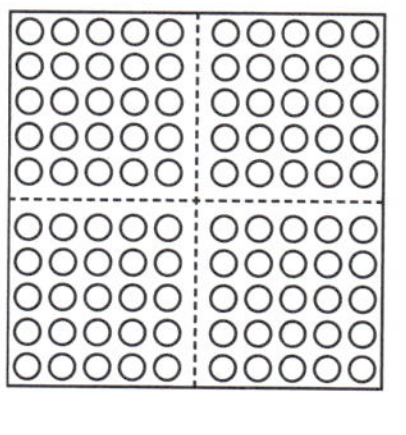

Z	E
2	3

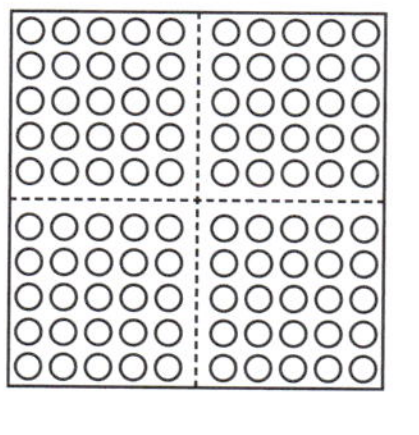

Z	E
6	5

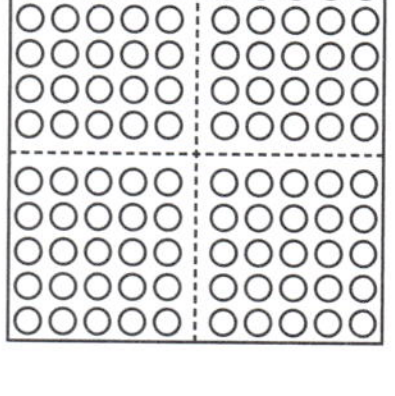

Z	E
9	3

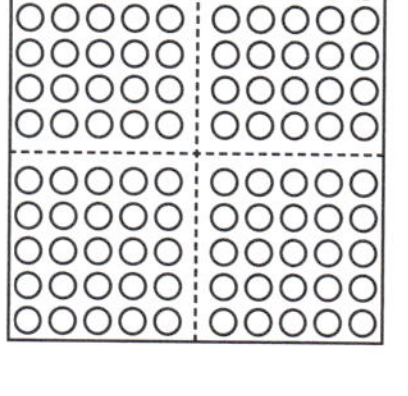

Z	E
8	8

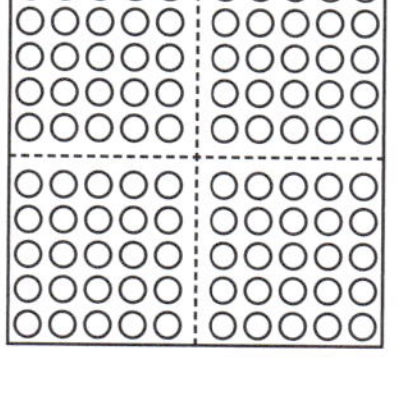

Z	E
7	0

© Lernen mit Teo & Tia, G&G Verlag

Zahlen bis 100 – Rechenstrich

1. Trage die Zahlen auf dem Rechenstrich ein, wo sie ungefähr liegen.

10, 80, 40, 60

29, 55, 75, 99

3, 80, 20, 79

2.

Nimm dir ein längeres Seil. Erstelle Zahlenkarten von 0 bis 100.
Ziehe einige Zahlenkarten und ordne sie am Seil dem ungefähren Platz zu.
Beginne beim Zuordnen mit den Zehnerzahlen.
Mache diese Übung öfter.

© Lernen mit Teo & Tia, G&G Verlag

Schätzen und Zählen

Schätzen ist gar nicht so einfach. Das muss man oft üben.

Das stimmt. Manchmal kann man aber die Dinge geschickt zusammenfassen, um sie schnell **zählen** zu können.

1. Schätze und zähle.

Wie viele Tomaten?

geschätzt: ☐ gezählt: ☐

Wie viele Vögel?

geschätzt: ☐ gezählt: ☐

Wie viele Blumen?

geschätzt: ☐ gezählt: ☐

Wie viele Ameisen?

geschätzt: ☐ gezählt: ☐

2. Schätze und zähle.
Welche Anzahl kannst du leichter bestimmen?
Begründe deine Meinung!

© Lernen mit Teo & Tia, G&G Verlag

Mit Würfeln bauen – Würfelgebäude

Tia und Teo bauen Würfelgebäude. Sie zeichnen auch die Baupläne.

Würfelgebäude:

Bauplan:

1	1	2	2
		1	

1. Wie viele Würfel wurden verwendet? Erstelle den Bauplan.

___ Würfel

___ Würfel

2. Seitenansichten. Von wo aus siehst du das Gebäude?
Von vorn, von hinten, von links, von rechts oder von oben?

von ___

von ___

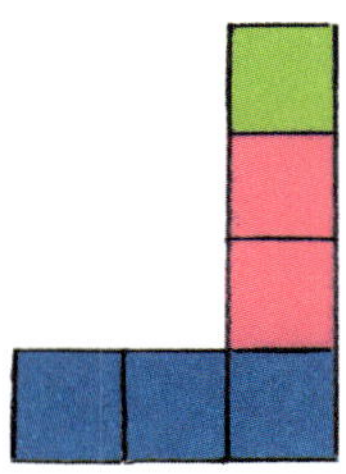

von ___

von ___

3. Zeichne selbst Ansichten des Gebäudes.

von vorne

von oben

von rechts

von links

Plusrechnen im Zahlenraum 100

Jeder Zehner ist gleich aufgebaut.

1. Löse die Päckchen und zeichne sie.

10 + 1	→	11	20 + 1	→	21	40 + 1	→	41
10 + 2	→	12	20 + 2	→		40 + 2	→	
10 + 3	→		20 +	→		40 +	→	
10 + 4	→		20 +	→		40 +	→	
10 +	→		20 +	→		40 +	→	
10 +	→		20 +	→		40 +	→	
10 +	→		20 +	→		40 +	→	
10 +	→		20 +	→		40 +	→	
10 +	→		20 +	→		40 +	→	
10 + 10	→	20	20 +	→		40 +	→	

Schreibe die Päckchen vollständig in dein Heft und zeichne sie.

50 + 1 → 51   70 + 1 → 71   90 + 1 → 91

Zeichne die Aufgaben, dann lässt sich die Lösung anschaulich ermitteln.

26 + 3

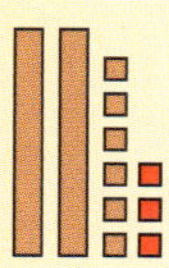

Z zu Z
E zu E

26 + 3 = 29

42 – 20

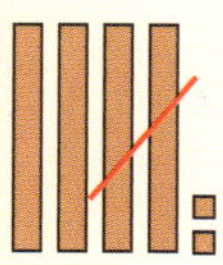

2 Z weg

42 – 20 = 22

2. Zeichne diese Aufgaben und löse sie. Arbeite in deinem Heft.

46 + 2 =	5 + 62 =	69 – 3 =	29 – 9 =
30 + 15 =	20 + 43 =	73 – 30 =	81 – 60 =
51 + 20 =	3 + 75 =	59 – 21 =	62 – 31 =
74 + 13 =	61 + 24 =	46 – 30 =	99 – 5 =

© Lernen mit Teo & Tia, G&G Verlag

Plusrechnen im Zahlenraum 100

Weg 1: Stellen extra – Zehner und Einer getrennt

Ich rechne Zehner und Einer getrennt. ①

37 + 26

Ich trenne Zehner und Einer und rechne so. ②

	①		②
	37 + 26 = 63		37 + 26 = 63
(Z + Z)	30 + 20 = 50	(E+E)	7 + 6 = 13
(E + E)	7 + 6 = 13	(Z+Z)	30 + 20 = 50

Gesamtsumme

① Ich addiere zuerst die Zehner und dann die Einer.

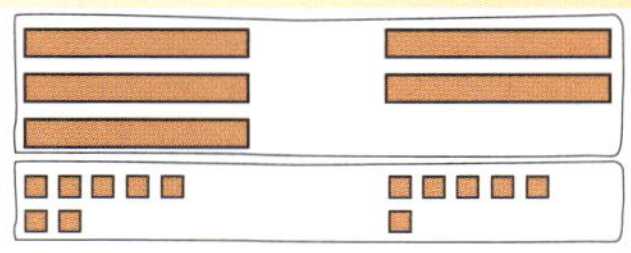

② Ich addiere zuerst die Einer und dann die Zehner.

1. Zeichne und rechne. Rechne abwechselnd wie Tia und Teo.

54 + 27

54 + 27 = ___
50 + 20 = ___
4 + 7 = ___

66 + 15

66 + 15 = ___
6 + 5 = ___
60 + 10 = ___

36 + 47

36 + 47 = ___

26 + 17

26 + 17 = ___

2. 46 + 45 = ___

55 + 23 = ___

37 + 36 = ___

48 + 37 = ___

73 + 16 = ___

56 + 25 = ___

© Lernen mit Teo & Tia, G&G Verlag

Weg 2: Schrittweise – Ein Summand wird in Zehner und Einer zerlegt.

Ich zerlege nur 26 in Zehner und Einer und rechne zuerst die Zehner dazu.

37 + 26

Ich zerlege nur 26 in Zehner und Einer und rechne zuerst die Einer dazu.

37 + 26 = 63
(+ Z) 37 + 20 = 57
(+ E) 57 + 6 = 63
Lösung

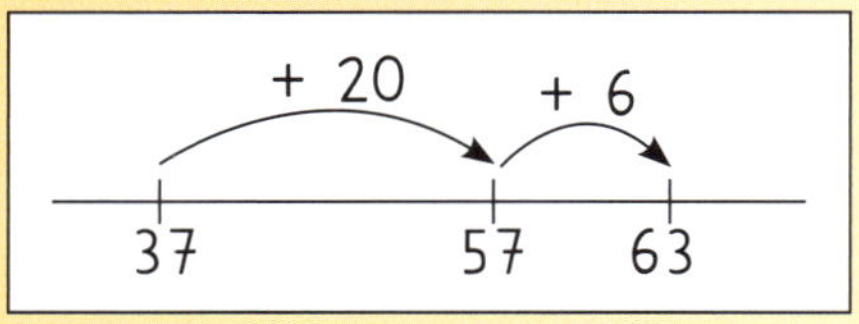

37 + 26 = 63
(+ E) 37 + 6 = 43
(+ Z) 43 + 20 = 63
Lösung

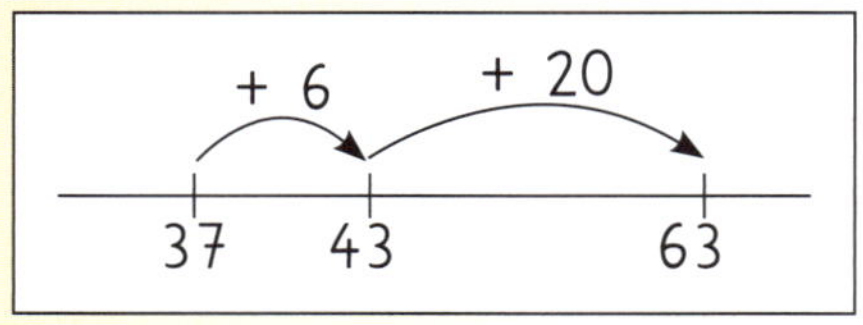

1. Zeichne am Rechenstrich und löse. Rechne abwechselnd wie Tia und Teo.

37 + 44

37 + 44 = ___
37 + 40 = ___
+ 4 = ___

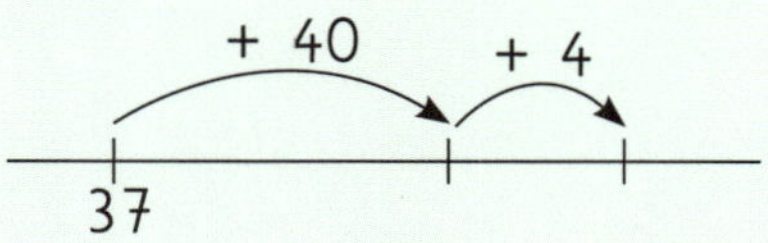

56 + 25

56 + 25 = ___
56 + 5 = ___
+ 20 = ___

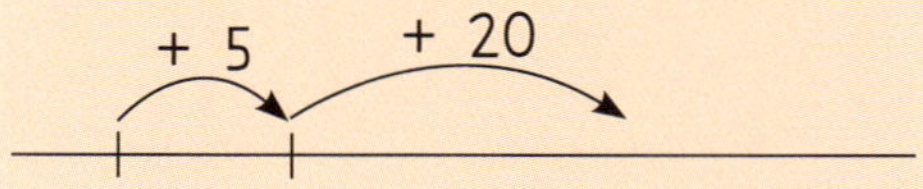

47 + 26

47 + 26 = ___

65 + 17

65 + 17 = ___

2. 27 + 46 = ___

35 + 18 = ___

64 + 27 = ___

46 + 16 = ___

35 + 26 = ___

25 + 38 = ___

© Lernen mit Teo & Tia, G&G Verlag

Weg 3: 9er-Trick / 8er-Trick – Eine Zahl wird zum vollen Zehner verändert und dann korrigiert.

19 liegt nahe bei 20.
Daher rechne ich:
37 + 20 = 57 und nehme
dann 1 weg = 56

18 liegt nahe bei 20.
Daher rechne ich:
37 + 20 = 57 und nehme
dann 2 weg = 55

37 + 19

37 + 19 = 56
37 + 20 = 57
57 − 1 = 56

Lösung

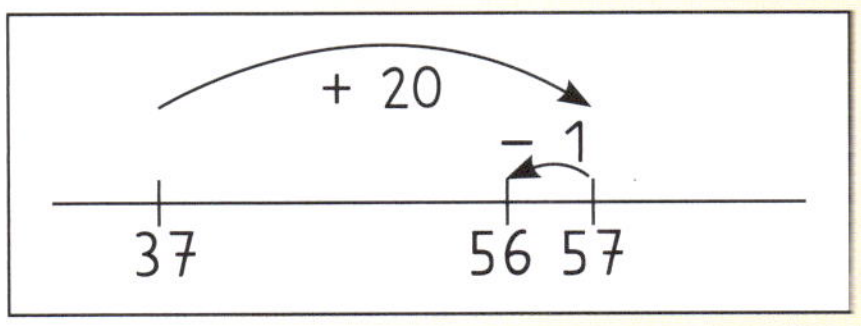

37 + 18

37 + 18 = 55
37 + 20 = 57
57 − 2 = 55

Lösung

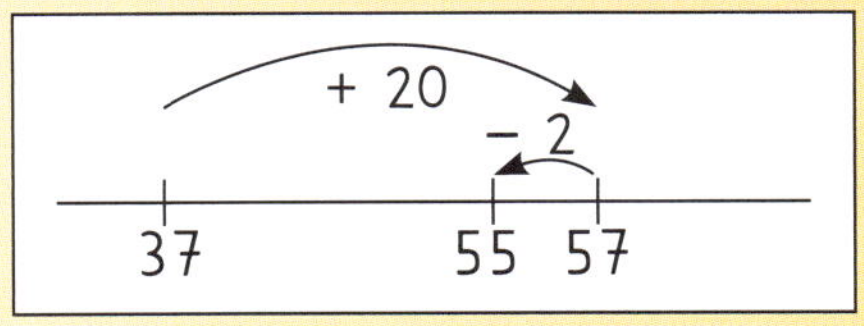

1. Zeichne am Rechenstrich und löse.

53 + 19

53 + 19 = ______
53 + 20 = ______
− 1 = ______

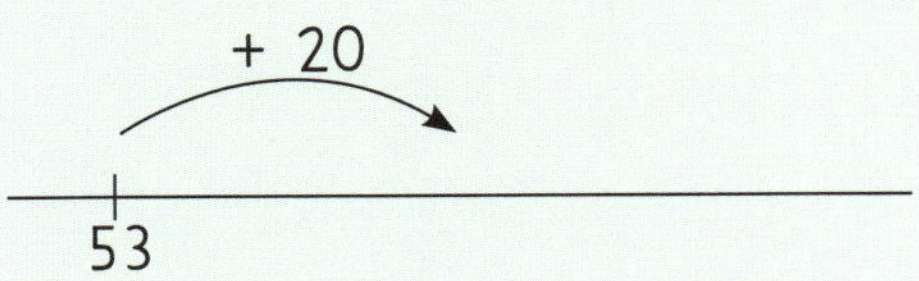

46 + 28

46 + 28 = ______
46 + 30 = ______
− 2 = ______

25 + 39

25 + 39 = ______

37 + 48

37 + 48 = ______

2. 36 + 29 = ______

57 + 18 = ______

15 + 69 = ______

49 + 33 = ______

64 + 28 = ______

26 + 59 = ______

© Lernen mit Teo & Tia, G&G Verlag

Plusrechnen im Zahlenraum 100

Aufgaben zum Rechnen und Nachdenken

1. Wie rechnest du?

53 + 37 = ______

46 + 28 = ______

65 + 16 = ______

79 + 16 = ______

47 + 45 = ______

58 + 24 = ______

2. Löse die schönen Päckchen!

16 + 19 = ☐	25 + 25 = ☐	27 + 21 = ☐
16 + 29 = ☐	26 + 25 = ☐	27 + 19 = ☐
16 + 39 = ☐	27 + 25 = ☐	27 + 17 = ☐
16 + 49 = ☐	28 + 25 = ☐	27 + 15 = ☐
16 + 59 = ☐	29 + 25 = ☐	27 + 13 = ☐
16 + 69 = ☐	30 + 25 = ☐	27 + 11 = ☐

Was fällt dir auf?

Es wird immer um ______.	Es wird immer um ______.	Es wird immer um ______.

3. Finde Aufgaben mit dem gleichen Ergebnis!

55 + 29 = 84	46 + 46 = 92	☐ + ☐ = 62
☐ + ☐ = 84	☐ + ☐ = 92	☐ + ☐ = 62
☐ + ☐ = 84	☐ + ☐ = 92	☐ + ☐ = 62
☐ + ☐ = 84	☐ + ☐ = 92	☐ + ☐ = 62

© Lernen mit Teo & Tia, G&G Verlag

Unser Geld – Euro und Cent

Unsere Münzen:

1 c 2 c 5 c 10 c 20 c 50 c 1 € 2 €

1 Euro sind 100 Cent (1 € = 100 c).

1. Immer 1 Euro (1 €).
   Wie viele 10 c Münzen ergeben 1 Euro? ______ Münzen
   Wie viele 50 c Münzen ergeben 1 Euro? ______ Münzen
   Wie viele 20 c Münzen ergeben 1 Euro? ______ Münzen

2. Finde mindestens vier verschiedene Möglichkeiten, um einen Euro mit verschiedenen Centmünzen zu erhalten. Zeichne und schreibe auf.

3. Bezahle mit möglichst wenigen Münzen. Schreibe die Rechnungen auf.
   30 c = 20 c + ___ c   90 c = ______   80 c = ______

4. Welche Münzen hat Tia verwendet?
   30 c mit 5 Münzen ○ ○ ○ ○ ○
   77 c mit 7 Münzen ○ ○ ○ ○ ○ ○ ○

5. Wie viel muss Teo noch aus seiner Geldtasche nehmen, damit er genau 1 Euro in der Hand hält?

© Lernen mit Teo & Tia, G&G Verlag

Ich kann Minusrechnungen
auf dem Weg – schrittweise – lösen.

Minusrechnen im Zahlenraum 100

Weg 1: Schrittweise – Wegnehmen durch Zerlegen in Zehner und Einer

Ich zerlege 16 in Zehner und Einer und rechne zuerst die Zehner weg.

35 – 16

Ich zerlege 16 in Zehner und Einer und rechne zuerst die Einer weg.

35 – 16 = 19
(– Z) 35 – 10 = 25
(– E) 25 – 6 = 19
Lösung

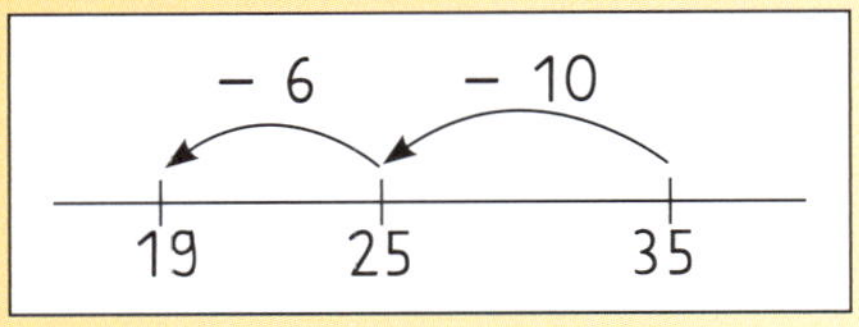

35 – 16 = 19
(–E) 35 – 6 = 29
(–Z) 29 – 10 = 19
Lösung

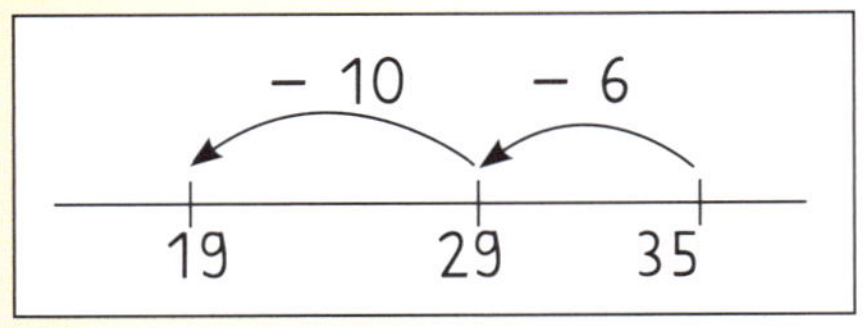

1. Zeichne am Rechenstrich und löse. Rechne abwechselnd wie Tia und Teo.

61 – 37

61 – 37 =
61 – 30 =
– 7 =

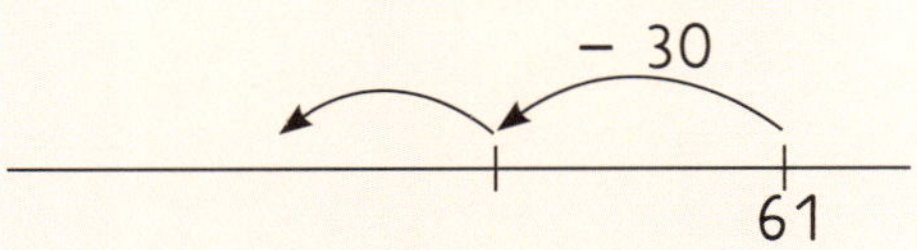

42 – 28

42 – 28 =
42 – 8 =
– 20 =

73 – 45

73 – 45 =

54 – 26

54 – 26 =

2. 83 – 37 =

72 – 28 =

94 – 48 =

45 – 27 =

62 – 26 =

52 – 25 =

© Lernen mit Teo & Tia, G&G Verlag

Weg 2: 9er-Trick / 8er-Trick – Die wegzunehmende Zahl wird zum vollen Zehner verändert und dann korrigiert.

19 liegt nahe bei 20.
Daher rechne ich:
37 – 20 = 17 und gebe
dann 1 dazu = 18

18 liegt nahe bei 20.
Daher rechne ich:
37 – 20 = 17 und gebe
dann 2 dazu = 19

37 – 19

37 – 19 = 18 ← Lösung
37 – 20 = 17
17 + 1 = 18

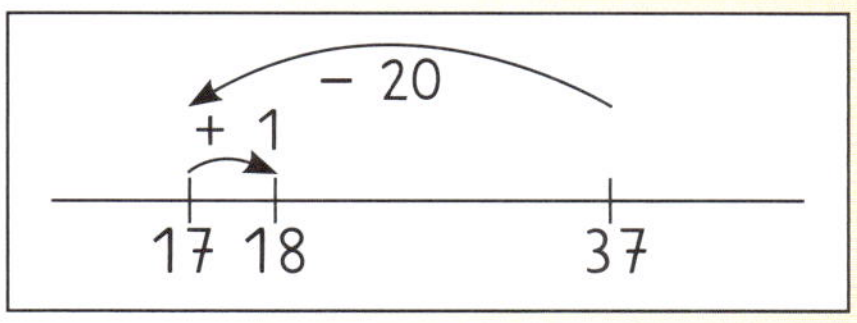

37 – 18

37 – 18 = 19 ← Lösung
37 – 20 = 17
17 + 2 = 19

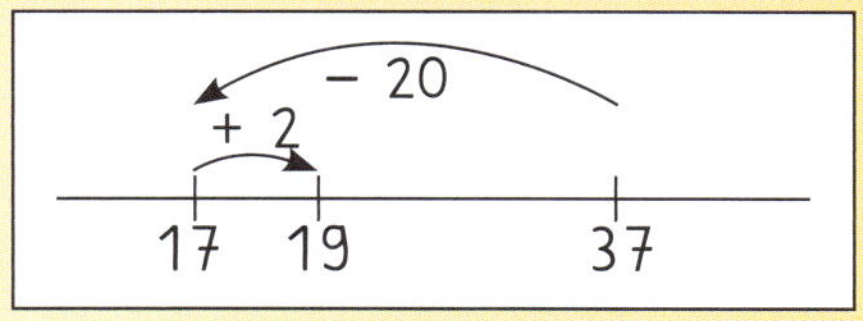

1. Zeichne am Rechenstrich und löse.

75 – 29

75 – 29 =
75 – 30 =
+ 1 =

75

83 – 58

83 – 58 =
83 – 60 =
+ 2 =

96 – 39

96 – 39 =

66 – 48

66 – 48 =

2. 95 – 69 =

55 – 28 =

47 – 19 =

86 – 58 =

63 – 29 =

71 – 48 =

© Lernen mit Teo & Tia, G&G Verlag

Weg 3: Ergänzen – Minusrechnungen durch Ergänzen lösen

Minusaufgaben können auch durch Ergänzen gelöst werden. Wie viel fehlt von der kleineren Zahl auf die größere Zahl?

64 – 58

Die Zahl 64 und die Zahl 58 liegen in der Zahlenreihe nahe beisammen. Daher denke ich statt 64 – 58 an
58 + __ = 64

Minusaufgabe: 64 – 58 =

Ergänzung: 58 + ____ = 64

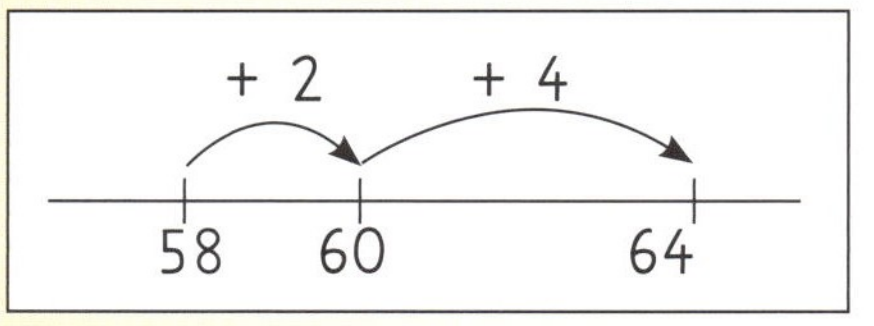

1. Zeichne am Rechenstrich und löse.

73 – 69

73 – 69 =
69 + = 73

69

46 – 37

46 – 37 =

55 – 47

55 – 47 =

62 – 58

62 – 58 =

2. 67 – 61 =

38 – 29 =

91 – 85 =

73 – 65 =

61 – 58 =

84 – 76 =

© Lernen mit Teo & Tia, G&G Verlag

Minusrechnen im Zahlenraum 100

Aufgaben zum Rechnen und Nachdenken

1. Wie rechnest du?

72 – 26 = ______

53 – 29 = ______

42 – 37 = ______

82 – 54 = ______

61 – 25 = ______

91 – 36 = ______

2. Löse die schönen Päckchen!

35 – 16 = ☐	91 – 29 = ☐	61 – 59 = ☐
35 – 17 = ☐	81 – 29 = ☐	62 – 58 = ☐
35 – 18 = ☐	71 – 29 = ☐	63 – 57 = ☐
35 – 19 = ☐	61 – 29 = ☐	64 – 56 = ☐
35 – 20 = ☐	51 – 29 = ☐	65 – 55 = ☐
35 – 21 = ☐	41 – 29 = ☐	66 – 54 = ☐

Was fällt dir auf?

Es wird immer um ______.

Es wird immer um ______.

Es wird immer um ______.

3. Finde Aufgaben mit dem gleichen Ergebnis!

75 – 27 = 48	52 – 36 = 16	☐ – ☐ = 25
☐ – ☐ = 48	☐ – ☐ = 16	☐ – ☐ = 25
☐ – ☐ = 48	☐ – ☐ = 16	☐ – ☐ = 25
☐ – ☐ = 48	☐ – ☐ = 16	☐ – ☐ = 25

Längen messen und zeichnen – Zentimeter

Tia misst die Breite ihres Fingers ab.
Er ist genau 1 Zentimeter (1 cm) breit.

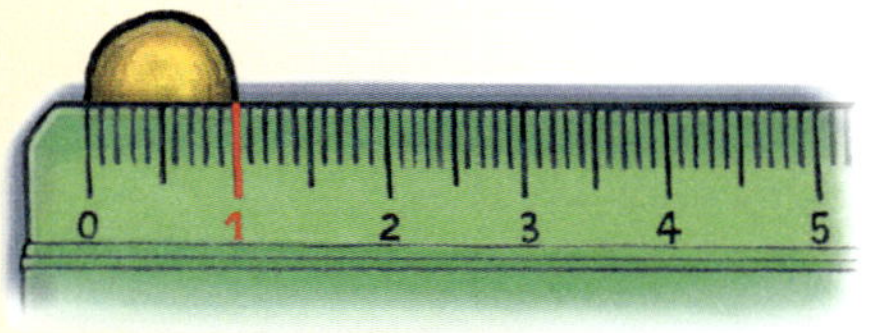

Lege das Lineal bei 0 an.

1. Schätze zuerst die Längen der Strecken und miss sie anschließend ab.

	geschätzt	gemessen
a.		
b.		
c.		
d.		
e.		

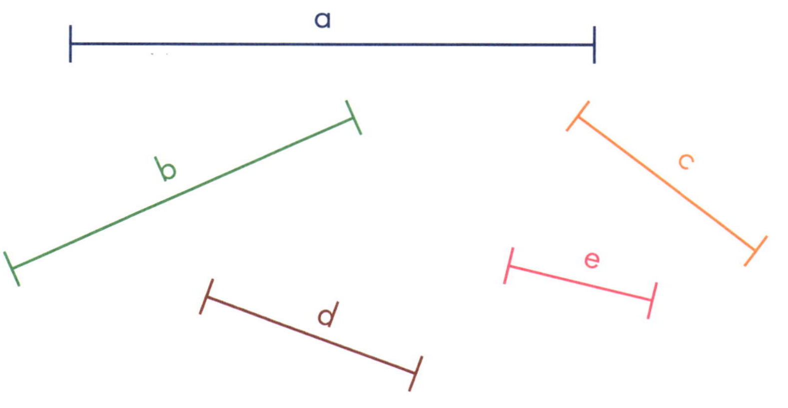

2. Miss die Strecken ab. Markiere die Endpunkte.

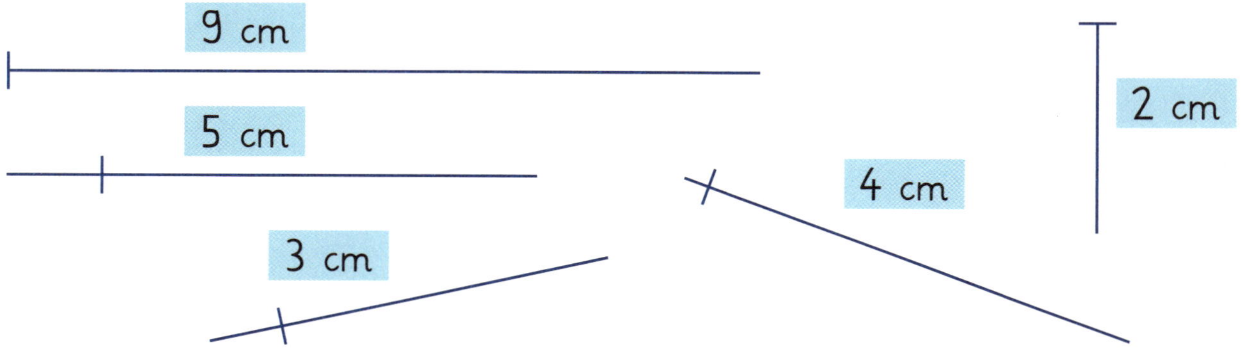

3. Verbinde die Punkte (A – B – C – D – A)mit dem Lineal.
Welche Figur entsteht? Miss die Strecken ab.

Figur: ______________

Länge von A nach B: ____ cm

Länge von B nach C: ____ cm

Länge von C nach D: ____ cm

Länge von D nach A: ____ cm

© Lernen mit Teo & Tia, G&G Verlag

Längenmaße: Meter (m) – Dezimeter (dm) – Zentimeter (cm)

1 Meter = 10 Dezimeter → 1 m = 10 dm
1 Meter = 100 Zentimeter → 1 m = 100 cm
1 Dezimeter = 10 Zentimeter → 1 dm = 10 cm

1. Suche zwei Gegenstände, die etwa 1 m lang sind. Suche zwei Gegenstände, die etwa 1 dm lang sind. Suche zwei Gegenstände, die etwa 1 cm lang sind.

2. Was passt zusammen? Verbinde.

  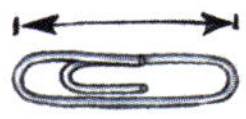 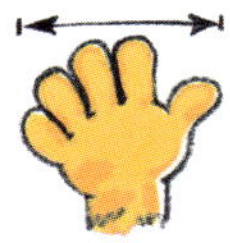 

1 dm | 5 m | 15 cm | 2 cm | 4 dm

3. Ordne die Längen der Größe nach. Beginne mit der kleinsten Länge.
8 dm, 1 m, 5 dm, 3 m, 2 dm, 7 dm: ____________________
7 dm, 50 cm, 3 dm, 1 dm, 20 cm: ____________________
5 dm, 10 cm, 4 dm, 2 m, 30 cm: ____________________

4. Miss die Längen der Strecken ab.

___ cm = ___ dm ___ cm

___ cm = ___ dm ___ cm

___ cm = ___ dm ___ cm

5. Berechne.
Beim Einpflanzen war ein Bäumchen 2 dm groß.
Jetzt ist es schon 1 Meter hoch. Wie viel ist es gewachsen? ___ dm ___ cm

Peter ist 1 m 30 cm groß. Sein Freund ist 1 m 53 cm groß.
Wie viel ist Peter kleiner als sein Freund? ___ dm ___ cm

© Lernen mit Teo & Tia, G&G Verlag

Teil 1: Grundvorstellung zum Malnehmen

Tia und Teo haben Freunde zum Essen eingeladen.
Jedes Kind bekommt 3 Knödel.

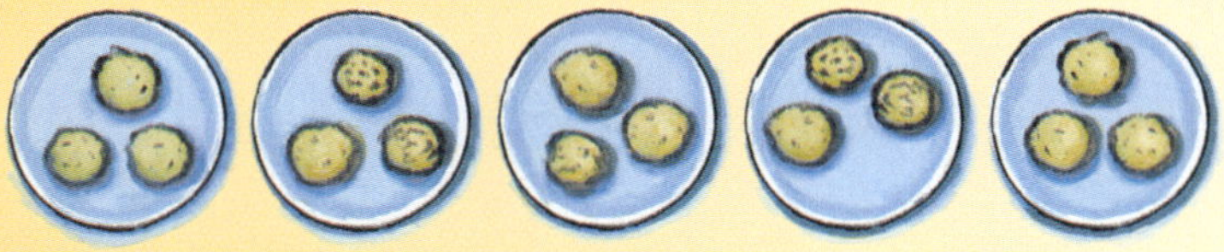

Die Malrechnung heißt 5 mal immer 3.

5 • 3

Ziel ist das Finden der richtigen Malrechnung, nicht das Lösen.

1. Zeichne 3 mal immer 4 Kreise.

Schreibe als Malrechnung.

___ • ___

Zeichne 4 mal immer 5 Kreise.

Schreibe als Malrechnung.

___ • ___

Zeichne 6 mal immer 2 Kreise.

Schreibe als Malrechnung.

___ • ___

2. Wie heißt die Rechnung?

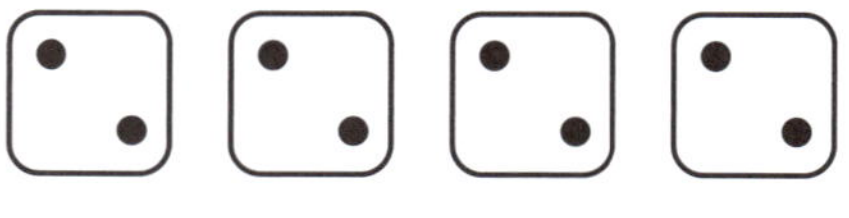

4 mal immer ___

4 • ___

___ mal immer ___

___ • ___

___ mal immer ___

___ • ___

© Lernen mit Teo & Tia, G&G Verlag

Teil 2: Grundvorstellung zum Malnehmen

1. Fertige eine Zeichnung an, die zu 2 mal immer 3 passt.

2. Fertige eine Zeichnung an, die zu 3 mal immer 5 passt.

3. Zeichne.

3 • 7	4 • 3	5 • 2

4. Welche Rechnung erkennst du? Schreibe sie in das Kästchen.

___ • ___

___ • ___

___ • ___

___ • ___

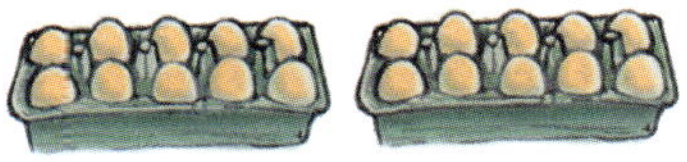

___ • ___

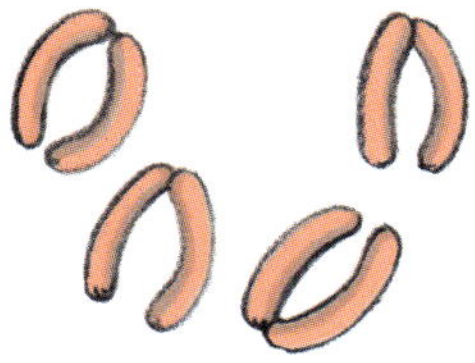

___ • ___

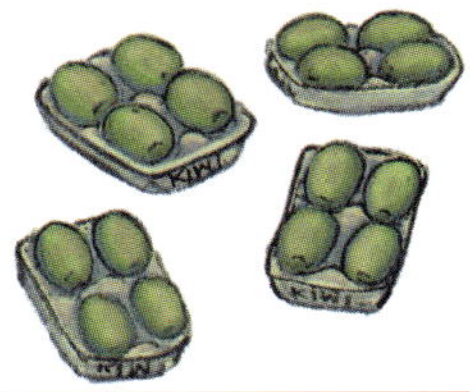

___ • ___

___ • ___

___ • ___

© Lernen mit Teo & Tia, G&G Verlag

Teil 3: Grundvorstellung zum Malnehmen

Achtung! Das ist keine Malrechnung!

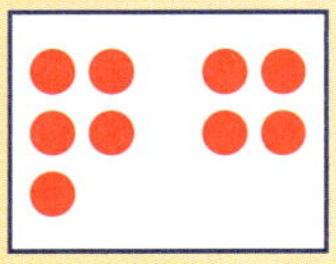

Ich sehe 5 + 4, also eine Plusrechnung.

1. Schau genau. Wie heißt die Rechnung? Schreib sie in das Kästchen.

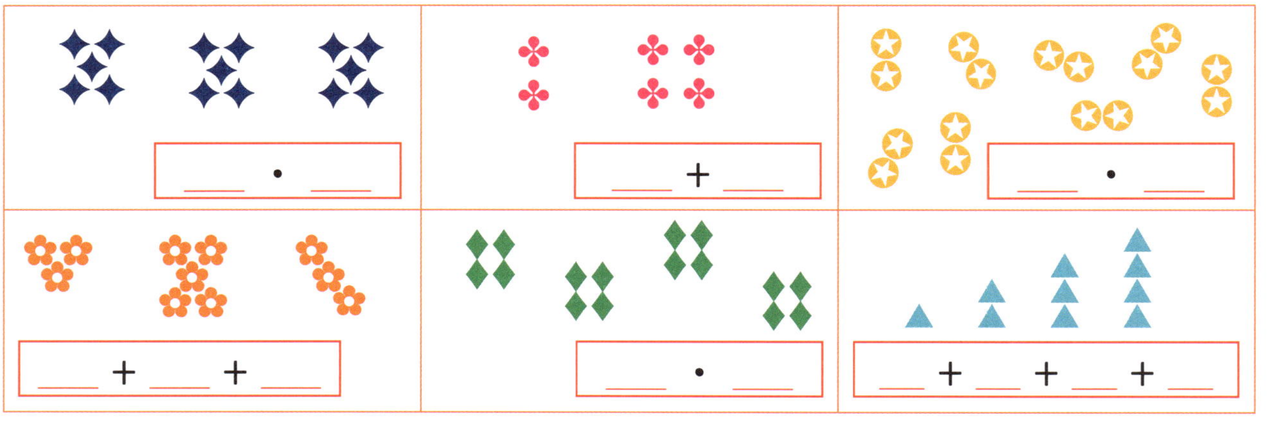

2. Richtig oder falsch? Kreuze an.

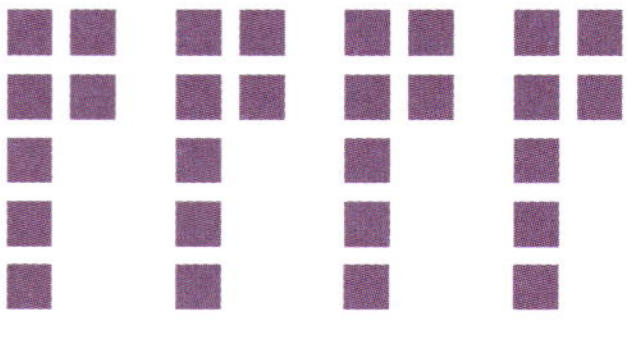

4 · 7

❍ stimmt

❍ stimmt nicht

5 · 3

❍ stimmt

❍ stimmt nicht

3. Schreibe die Malrechnung auf.

3 + 3 + 3 + 3 + 3 = ___ · 3

2 + 2 + 2 + 2 + 2 + 2 + 2 = ___ · ___

8 + 8 + 8 = ___ · ___

4. Schreibe als Plusrechnung auf.

4 · 7 = 7 + ___ + ___ + ___

5 · 15 = ___

8 · 3 = ___

5. Welche Rechnung kann man schneller aufschreiben?

❍ Malrechnung

❍ Plusrechnung

© Lernen mit Teo & Tia, G&G Verlag

Teil 4: Grundvorstellung zum Malnehmen

1. Welche Zeichnung passt zur Rechengeschichte? Kreuze an.

In einem Netz sind 4 Zitronen. Tia kauft 3 Netze Zitronen.

❍ passt / ❍ passt nicht	❍ passt / ❍ passt nicht	❍ passt / ❍ passt nicht

2. Welche Rechengeschichten passen zu 3 • 6? Kreuze an.

❍ Teo verspeist in einer Woche 3 Äpfel und 6 Bananen.

❍ Tia kauft 3 Packungen Ostereier. In einer Packung sind 6 Eier.

❍ Timo weiß: Ein Käfer hat 6 Beine. Er sieht 3 Käfer.

Hier ist eine Malaufgabe geordnet dargestellt.

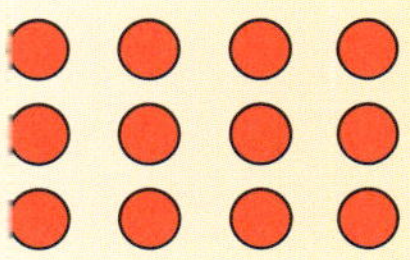

Tia sieht 3 Reihen mit jeweils 4 Punkten.

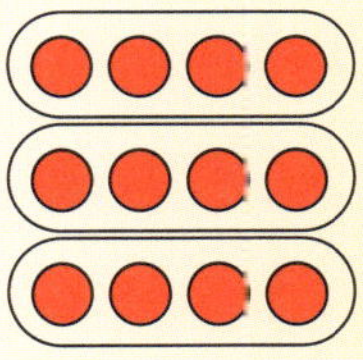

Teo sieht 4 Reihen mit jeweils 3 Punkten.

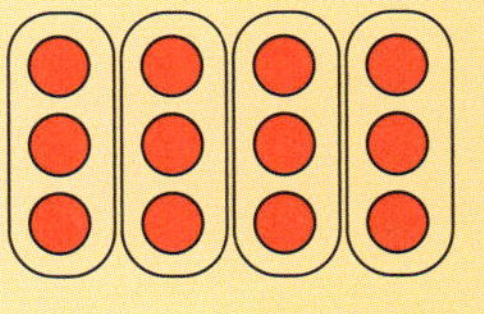

Beides ist richtig! Man kann zwei verschiedene Malrechnungen angeben.
Die Zahlen tauschen ihren Platz.

3. Welche Malrechnungen kannst du erkennen?

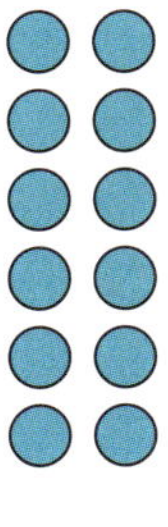

6 • ___

2 • ___

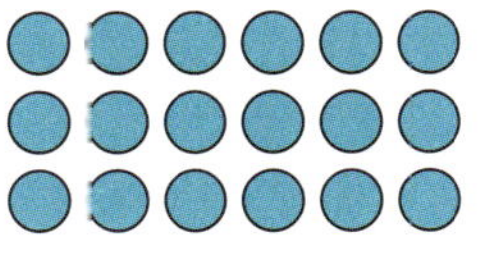

___ • ___

___ • ___

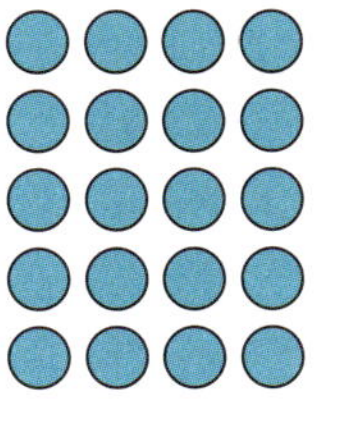

___ • ___

___ • ___

© Lernen mit Teo & Tia, G&G Verlag

Verdoppeln – 2 mal, Verzehnfachen – 10 mal

„2 mal" eine Anzahl nehmen
→ Das heißt auch Verdoppeln.

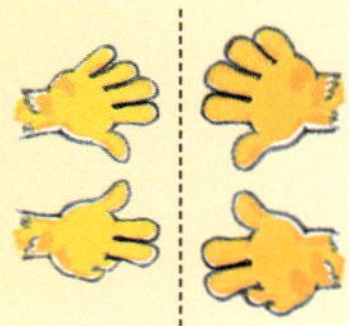

8 + 8 = 2 • 8 = ___

1.

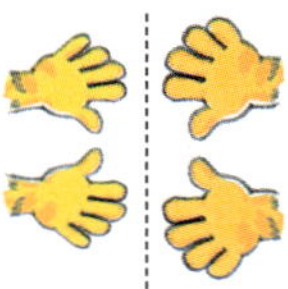

10 + 10 = 2 • 10 = ___

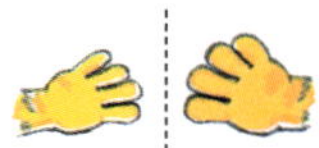

4 + 4 = 2 • 4 = ___

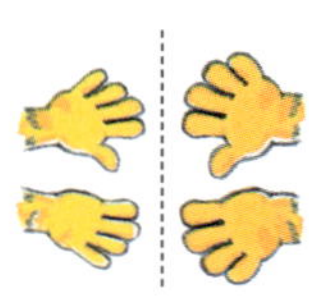

9 + 9 = 2 • 9 = ___

2.

2 • 4 = 4 + 4 = ___
2 • 8 = 8 + 8 = ___
2 • 3 = 3 + 3 = ___
2 • 1 = 1 + 1 = ___
2 • 5 = ___ + ___ = ___

2 • 0 = 0 + 0 = ___
2 • 7 = ___ + ___ = ___
2 • 2 = ___ + ___ = ___
2 • 6 = ___ + ___ = ___
2 • 9 = ___ + ___ = ___

„10 mal" eine Anzahl nehmen → Das heißt auch Verzehnfachen.

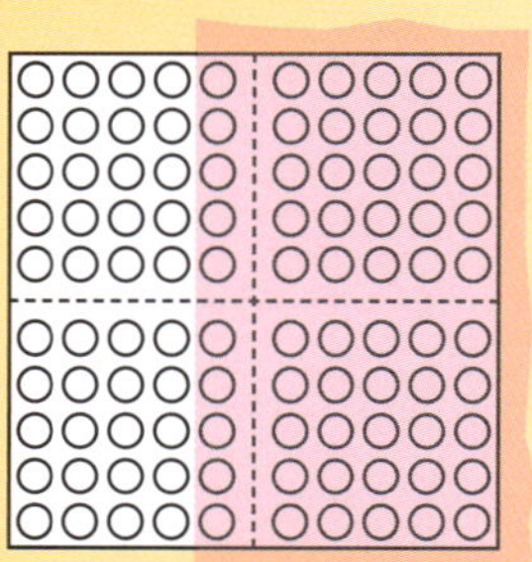

10 • 4 = ___

Ich decke die restlichen Punkte mit einer Folie (z. B. roter Heftumschlag) ab. Es bleiben 4 Zehnerstangen übrig, also 40.

3.

10 • 3 = ___
10 • 8 = ___
10 • 5 = ___

10 • 2 = ___
10 • 7 = ___
10 • 0 = ___

10 • 6 = ___
10 • 1 = ___
10 • 9 = ___

© Lernen mit Teo & Tia, G&G Verlag

Verzehnfachen, Verfünffachen

Es sind 10 • 4 Punkte dargestellt.
Tia teilt sie mit einem Strich in zwei Hälften.

10 • 4 = ___

5 • 4 = ___

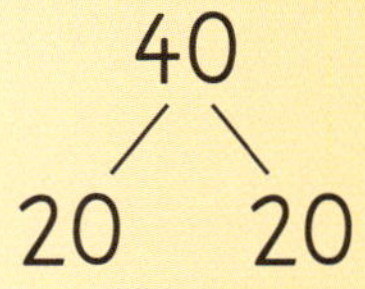

Hier siehst du 10 • 5 Punkte. Teo teilt die Punkte in der Mitte in zwei Hälften.

Jetzt sehe ich 5 • 5 und noch einmal 5 • 5.
5 • 5 ist die Hälfte von 10 • 5

1.

10 • 2 = ___

Die Hälfte von 10 • 2 = 5 • 2 = ___

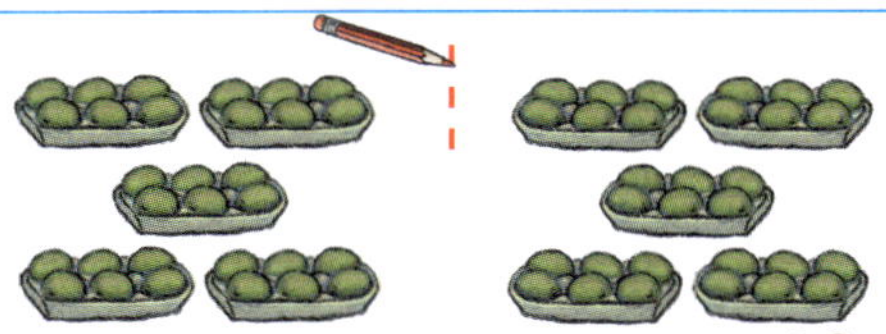

10 • 6 = ___

Die Hälfte von 10 • 6 = 5 • 6 = ___

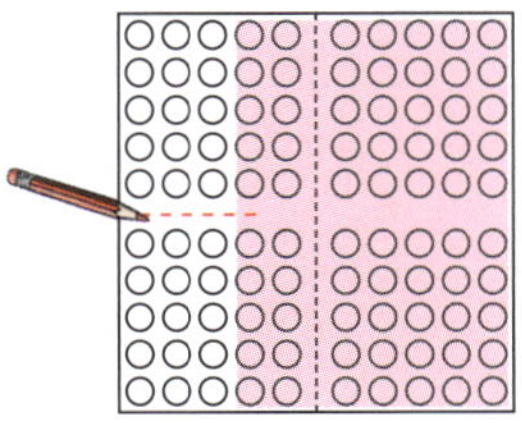

10 • 3 = ___

Die Hälfte von 10 • 3 = 5 • 3 = ___

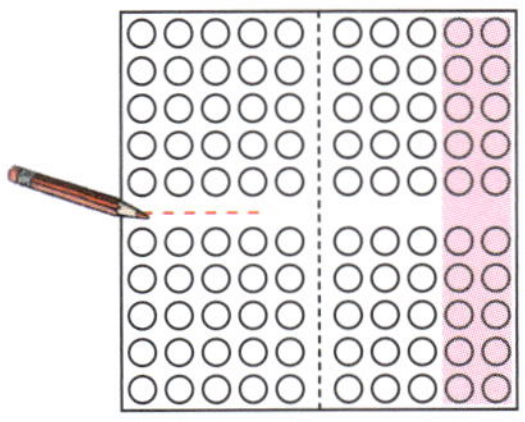

10 • 8 = ___

Die Hälfte von 10 • 8 = 5 • 8 = ___

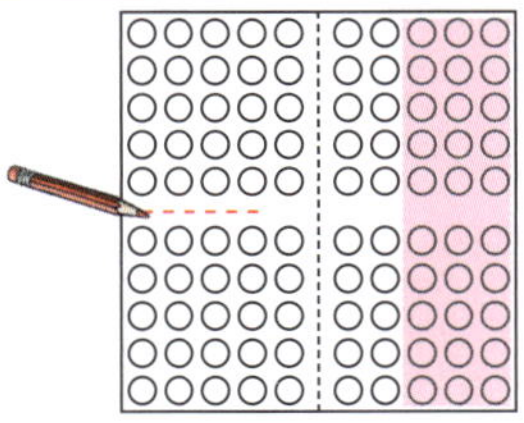

10 • 7 = ___

Die Hälfte von 10 • 7 = 5 • 7 = ___

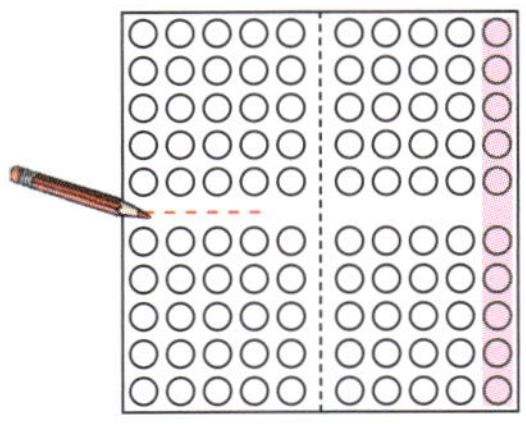

10 • 9 = ___

Die Hälfte von 10 • 9 = 5 • 9 = ___

© Lernen mit Teo & Tia, G&G Verlag

Verfünffachen, Verneunfachen

1. Löse zuerst die 10-mal-Aufgabe, dann erst die 5-mal-Aufgabe.

5 • 4 = ___ 10 • 4 = ___ 40 → 20 20	5 • 6 = ___ 10 • 6 = ___	5 • 8 = ___ 10 • 8 = ___
5 • 3 = ___ 10 • 3 = ___	5 • 5 = ___ 10 • 5 = ___	5 • 7 = ___ 10 • 7 = ___

2. Denke an die 10-mal-Aufgabe.

5 • 2 = ___	5 • 1 = ___	5 • 5 = ___	5 • 6 = ___
5 • 5 = ___	5 • 3 = ___	5 • 8 = ___	5 • 10 = ___
5 • 7 = ___	5 • 4 = ___	5 • 0 = ___	5 • 9 = ___

3. Diese Rechnungen kannst du schon.

2 • 2 = ___	2 • 6 = ___	2 • 5 = ___	2 • 8 = ___
10 • 2 = ___	10 • 6 = ___	10 • 5 = ___	10 • 8 = ___
5 • 2 = ___	5 • 6 = ___	5 • 5 = ___	5 • 8 = ___

Vom Verzehnfachen zum Verneunfachen

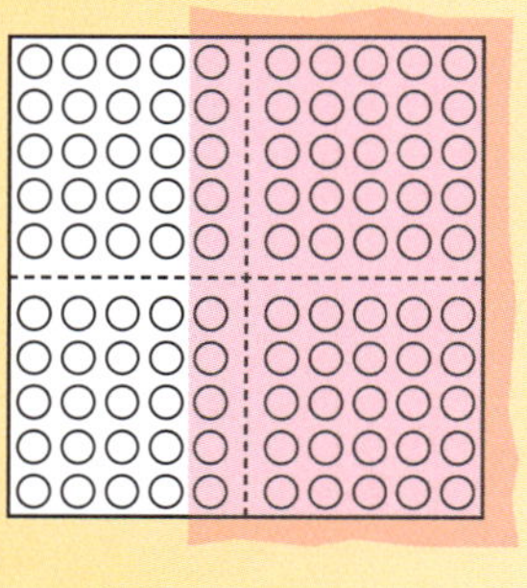

Jetzt sehe ich wieder 10 • 4 Punkte.

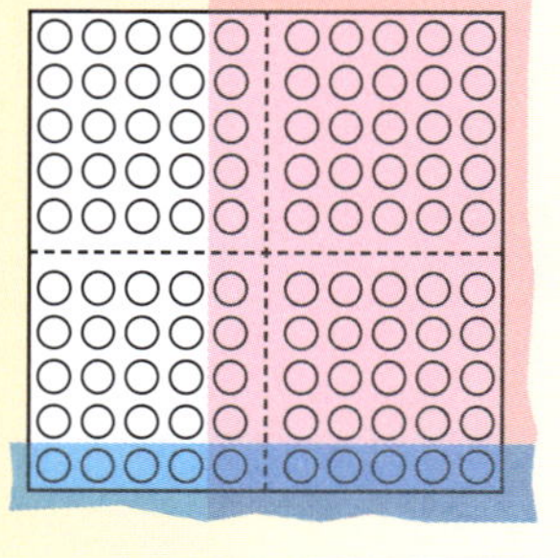

Ich decke 1 • 4 mit einer blauen Folie ab. Nun sehe ich 9 • 4.

© Lernen mit Teo & Tia, G&G Verlag

4.

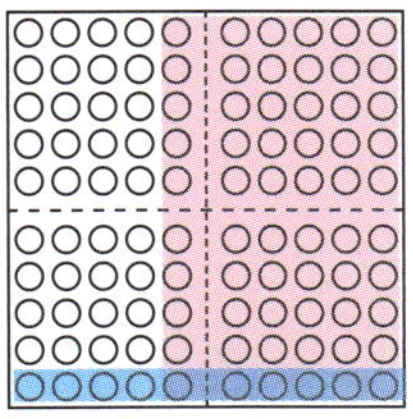	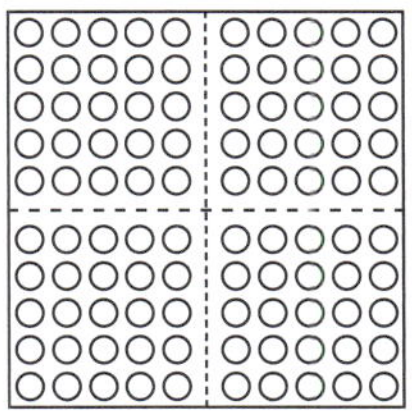	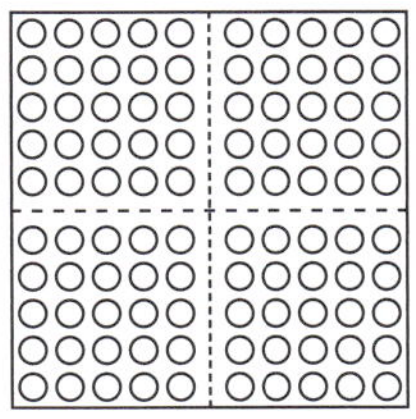	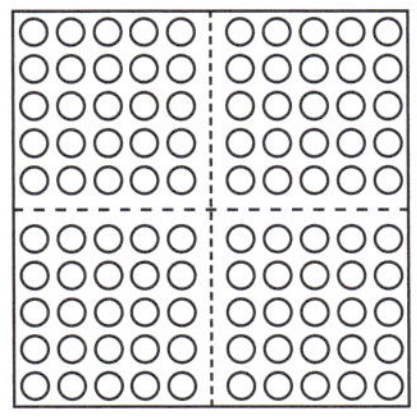
10 • 4 =	10 • 2 =	10 • 5 =	10 • 6 =
9 • 4 =	9 • 2 =	9 • 5 =	9 • 6 =
Ich ziehe 4 ab.	Ich ziehe __ ab.	Ich ziehe __ ab.	Ich ziehe __ ab.
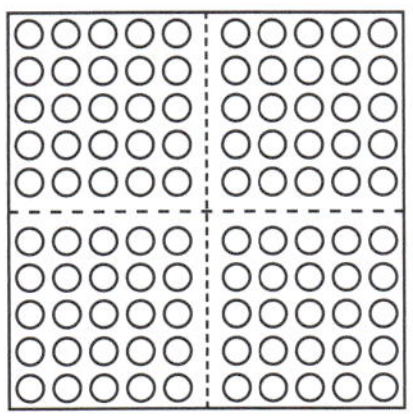	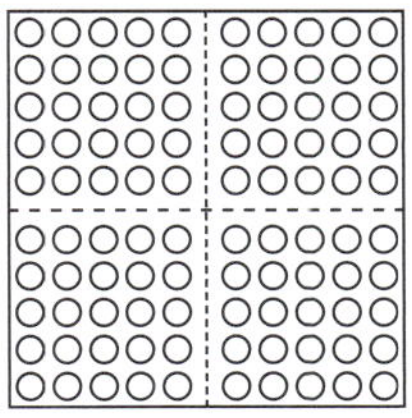	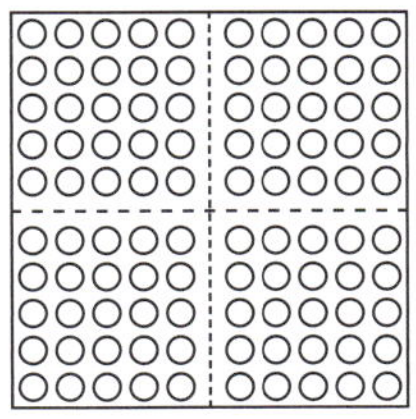	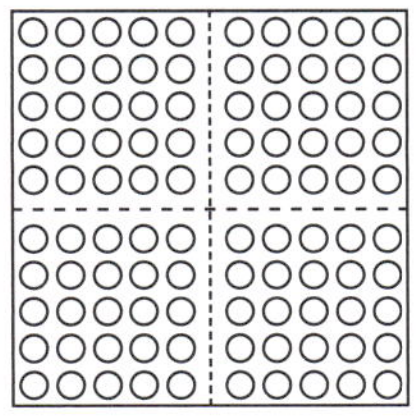
10 • 8 =	10 • 7 =	10 • 9 =	10 • 10 =
9 • 8 =	9 • 7 =	9 • 9 =	9 • 10 =
Ich ziehe __ ab.	Ich ziehe __ ab.	Ich ziehe __ ab.	Ich ziehe __ ab.

5. Diese Aufgaben kannst du schon.

2 • 3 = 5	2 • 5 = ___	2 • 7 = ___	2 • 8 = ___	2 • 2 = ___
10 • 3 = 30	10 • 5 = ___	10 • 7 = ___	10 • 8 = ___	10 • 2 = ___
5 • 3 = ___	5 • 5 = ___	5 • 7 = ___	5 • 8 = ___	5 • 2 = ___
9 • 3 = ___	9 • 5 = ___	9 • 7 = ___	9 • 8 = ___	9 • 2 = ___
2 • 4 = ___	2 • 6 = ___	2 • 9 = ___	2 • 1 = ___	2 • 0 = ___
10 • 4 = ___	10 • 6 = ___	10 • 9 = ___	10 • 1 = ___	10 • 0 = ___
5 • 4 = ___	5 • 6 = ___	5 • 9 = ___	5 • 1 = ___	5 • 0 = ___
9 • 4 = ___	9 • 6 = ___	9 • 9 = ___	9 • 1 = ___	9 • 0 = ___

2 • 5 = 10

●●●●●
●●●●●

5 • 2 ist auch 10.
Toll, das hilft mir
beim Rechnen

●● ●● ●● ●● ●●

6.

5 • 4 = ___	5 • 6 = ___	5 • 3 = ___	5 • 7 = ___	5 • 8 = ___
4 • 5 = ___	6 • 5 = ___	3 • 5 = ___	7 • 5 = ___	8 • 5 = ___

© Lernen mit Teo & Tia, G&G Verlag

Versechsfachen

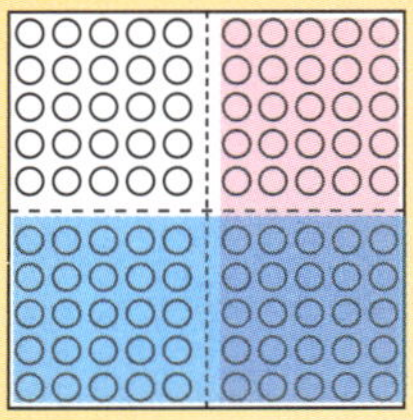

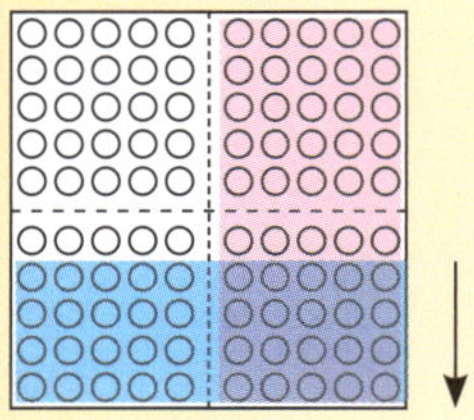

Das ist 5 • 5.
5 • 5 = 25

Ich habe 1 • 5 dazugegeben. Die blaue Folie wird um 1 • 5 hinuntergeschoben und es sind 1 • 5 mehr Punkte sichtbar. Gesamt: 6 • 5
6 • 5 = 30

1.

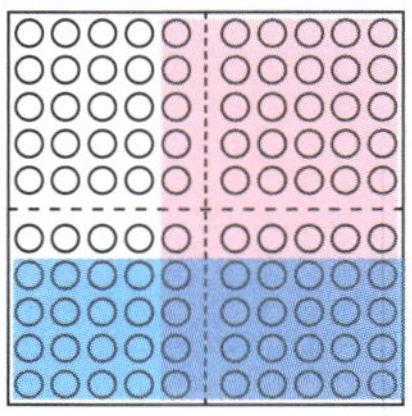

6 • 4 = ___
5 • 4 = 20, 4 dazu

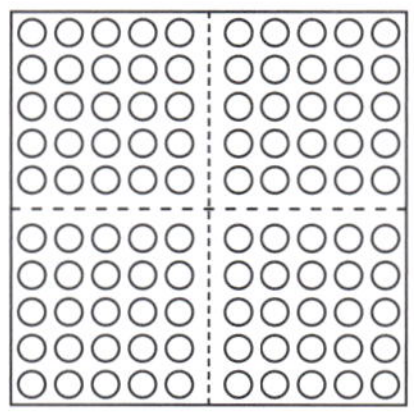

6 • 3 = ___
5 • 3 = ___, ___ dazu

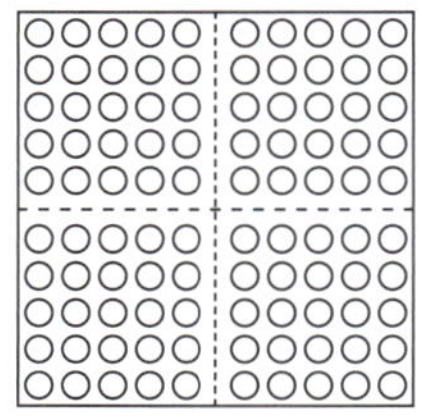

6 • 7 = ___
5 • 7 = ___, ___ dazu

2. Zuerst Verfünffachen, dann Versechsfachen.

6 • 2 = ___, weil 5 • 2 = ___ und ___ dazu.
6 • 6 = ___, weil 5 • 6 = ___ und ___ dazu.
6 • 8 = ___, weil 5 • 8 = ___ und ___ dazu.
6 • 3 = ___, weil 5 • 3 = ___ und ___ dazu.
6 • 9 = ___, weil 5 • 9 = ___ und ___ dazu.
6 • 5 = ___, weil 5 • 5 = ___ und ___ dazu.

3.

10 • 3 = ___	9 • 2 = ___	denke an 10 • 2 = ___	5 • 4 = ___
10 • 8 = ___	9 • 6 = ___	denke an 10 • 6 = ___	5 • 7 = ___
10 • 4 = ___	9 • 7 = ___	denke an 10 • 7 = ___	5 • 9 = ___
10 • 5 = ___	9 • 8 = ___	denke an 10 • 8 = ___	5 • 2 = ___

Tausche:

6 • 3 = ___	denke an 5 • 3 = ___	8 • 2 = ___	denke an 2 • 8 = ___
6 • 5 = ___	denke an 5 • 5 = ___	6 • 5 = ___	denke an 5 • 6 = ___
6 • 7 = ___	denke an 5 • 7 = ___	7 • 6 = ___	denke an 6 • 7 = ___
6 • 8 = ___	denke an 5 • 8 = ___	8 • 6 = ___	denke an 6 • 8 = ___

© Lernen mit Teo & Tia, G&G Verlag

Verdreifachen

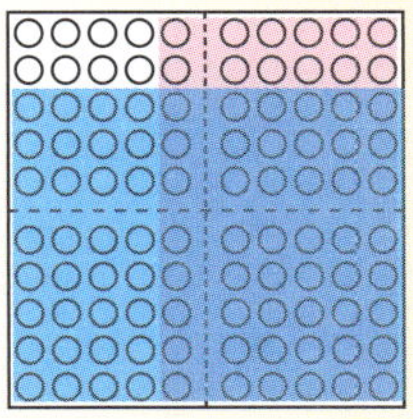

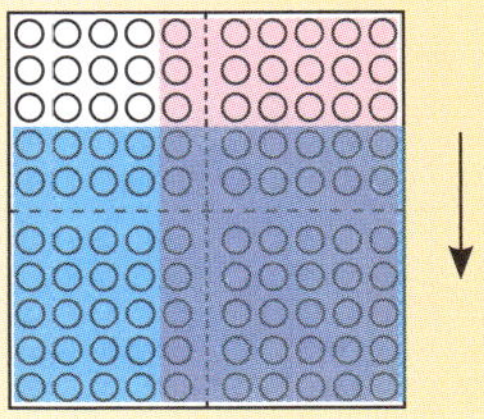

Verdoppeln, also 2 mal,
kann ich schon sehr gut.
2 • 4 = 8

Ich möchte 3 • 4 wissen.
Ich gebe noch 4 dazu.
2 • 4 = 8, 4 dazu
3 • 4 = 12

1. 3 • 3 = 3 + 3 + 3 → 2 • 3 = 6, noch 3 dazu 3 • 3 = 9
3 • 2 = 2 + 2 + 2 → 2 • 2 = 4, noch 2 dazu 3 • 2 = ___
3 • 5 = 5 + ___ + ___ → 2 • 5 = ___, noch ___ dazu 3 • 5 = ___
3 • 8 = 8 + ___ + ___ → 2 • 8 = ___, noch ___ dazu 3 • 8 = ___
3 • 6 = ___ + ___ + ___ → 2 • 6 = ___, noch ___ dazu 3 • 6 = ___
3 • 7 = ___ + ___ + ___ → 2 • 7 = ___, noch ___ dazu 3 • 7 = ___
3 • 9 = ___ + ___ + ___ → 2 • 9 = ___, noch ___ dazu 3 • 9 = ___

2. Nun kannst du schon viele Malrechnungen.

2 • 6 = ___	10 • 3 = ___	5 • 3 = ___	9 • 3 = ___	3 • 4 = ___
2 • 7 = ___	10 • 7 = ___	5 • 4 = ___	9 • 1 = ___	3 • 9 = ___
2 • 9 = ___	10 • 4 = ___	5 • 7 = ___	9 • 8 = ___	3 • 5 = ___
2 • 3 = ___	10 • 8 = ___	5 • 2 = ___	9 • 0 = ___	3 • 8 = ___
2 • 8 = ___	10 • 6 = ___	5 • 9 = ___	9 • 9 = ___	3 • 2 = ___

Schreibe die fehlenden Rechnungen zu den Päckchen auf und löse sie.
Arbeite in deinem Heft.

3.

10 • 3 = ___	10 • 4 = ___	10 • 5 = ___	10 • 7 = ___
5 • 3 = ___	5 • 4 = ___	5 • 5 = ___	5 • 7 = ___
6 • 3 = ___	6 • 4 = ___	6 • 5 = ___	6 • 7 = ___
2 • 3 = ___	2 • 4 = ___	2 • 5 = ___	2 • 7 = ___
3 • 3 = ___	3 • 4 = ___	3 • 5 = ___	3 • 7 = ___
9 • 3 = ___	9 • 4 = ___	9 • 5 = ___	9 • 7 = ___

© Lernen mit Teo & Tia, G&G Verlag

Vervierfachen

Wenn ich $4 \cdot 6$ nicht weiß,
kann ich auch $5 \cdot 6$ denken.
$5 \cdot 6 = 30$, minus 6
$4 \cdot 6 = 24$

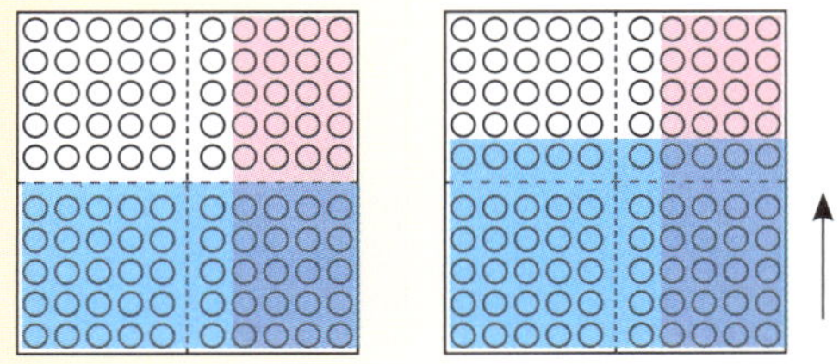

1. Rechne wie Teo.

$5 \cdot 8 =$ ___
$4 \cdot 8 =$ ___ -8

$5 \cdot 3 =$ ___
$4 \cdot 3 =$ ___ ___

$5 \cdot 7 =$ ___
$4 \cdot 7 =$ ___ ___

$5 \cdot 4 =$ ___
$4 \cdot 4 =$ ___ ___

$5 \cdot 9 =$ ___
$4 \cdot 9 =$ ___ ___

$5 \cdot 5 =$ ___
$4 \cdot 5 =$ ___ ___

Ich überlege für $4 \cdot 6$ anders:
$2 \cdot 6 = 12$, dazu noch einmal $2 \cdot 6$
$4 \cdot 6 = 24$, also das Doppelte

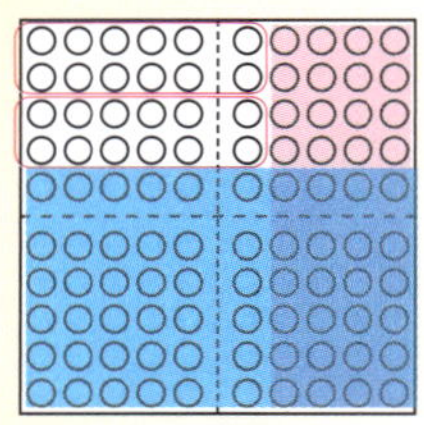

2. Rechne wie Tia.

$4 \cdot 4 \rightarrow 2 \cdot 4 = 8$, dazu noch einmal $2 \cdot 4 \rightarrow 4 \cdot 4 = 16$
$4 \cdot 5 \rightarrow 2 \cdot 5 =$ ___, dazu noch einmal $2 \cdot 5 \rightarrow 4 \cdot 5 =$ ___
$4 \cdot 7 \rightarrow 2 \cdot 7 =$ ___, dazu noch einmal $2 \cdot 7 \rightarrow 4 \cdot 7 =$ ___
$4 \cdot 6 \rightarrow 2 \cdot 6 =$ ___, dazu noch einmal $2 \cdot 6 \rightarrow 4 \cdot 6 =$ ___
$4 \cdot 8 \rightarrow 2 \cdot 8 =$ ___, dazu noch einmal $2 \cdot 8 \rightarrow 4 \cdot 8 =$ ___

$4 \cdot 9 = ?$

Du kannst es tauschen,
denke an $9 \cdot 4$

3. Teo kann einige Malaufgaben noch nicht auswendig.
Welche Rechnungen können ihm helfen?

$9 \cdot 7 =$ ___ Hilfe: ___ $5 \cdot 7 =$ ___ Hilfe: ___
$4 \cdot 8 =$ ___ Hilfe: ___ $6 \cdot 5 =$ ___ Hilfe: ___

© Lernen mit Teo & Tia, G&G Verlag

Versiebenfachen

Wie kann ich
7 • 7 lösen?

5 • 7
2 • 7

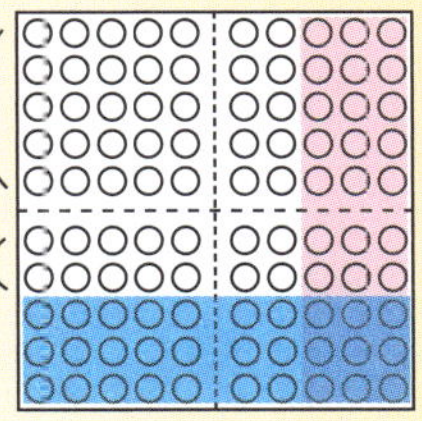

Ich denke an 5 • 7 und
dazu noch 2 • 7, also
insgesamt 7 • 7 = 49

1. Rechne wie Teo und vertausche.

7 • 5

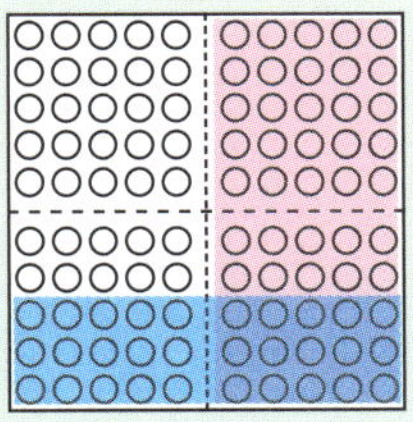

5 • 5 plus
2 • 5 gleich
7 • 5 = ___

Tausche.
7 • 5 = 5 • 7 = ___

7 • 6

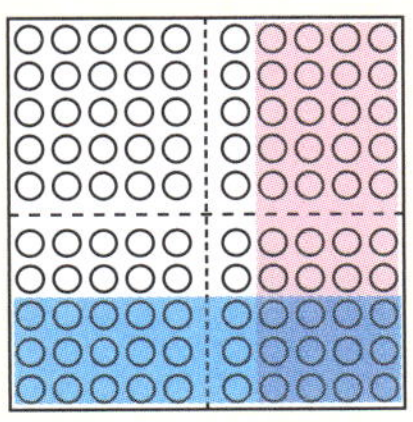

5 • 6 plus
2 • 6 gleich
7 • 6 = ___

Tausche.
7 • 6 = 6 • 7 = ___

7 • 8

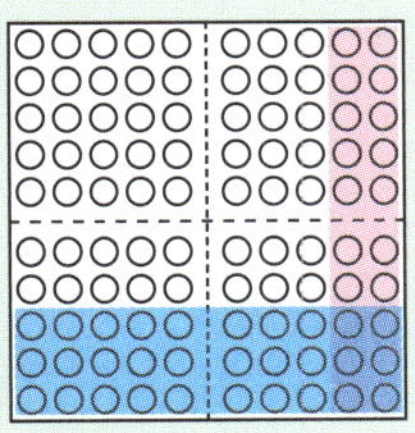

5 • 8 plus
2 • 8 gleich
7 • 8 = ___

Tausche.
7 • 8 = 8 • 7 = ___

7 • 4

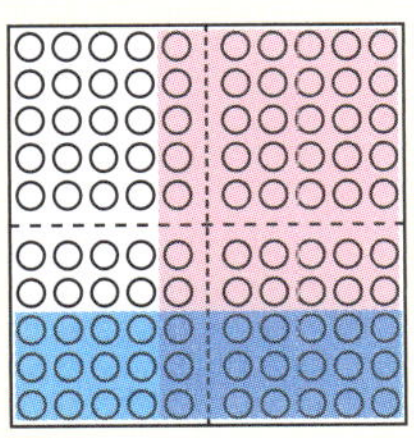

5 • 4 plus
2 • 4 gleich
7 • 4 = ___

Tausche.
7 • 4 = 4 • 7 = ___

2. Welche Rechnungen können dir helfen?

7 • 3 = ___ Hilfe: ______________ 7 • 4 = ___ Hilfe: ______________
7 • 9 = ___ Hilfe: ______________ 7 • 7 = ___ Hilfe: ______________
7 • 2 = ___ Hilfe: ______________ 7 • 6 = ___ Hilfe: ______________

© Lernen mit Teo & Tia, G&G Verlag

Verachtfachen

5 • 8
3 • 8

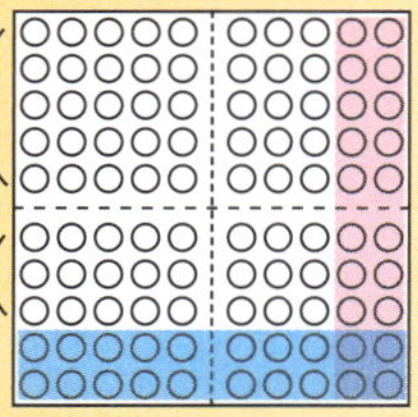

8 • 8 stelle ich mir so vor:
5 • 8 = 40 und dazu noch
3 • 8 = 24, also insgesamt
8 • 8 = 64

Du kannst bei allen anderen Malrechnungen mit 8 einfach tauschen.

1. Tauschaufgaben mit 8.

8 • 2 = ___ 8 • 4 = ___ 8 • 3 = ___ 8 • 7 = ___ 8 • 5 = ___
2 • 8 = ___ 4 • 8 = ___ 3 • 8 = ___ 7 • 8 = ___ 5 • 8 = ___

8 • 9 = ___ 8 • 1 = ___ 8 • 6 = ___ 8 • 0 = ___ 8 • 8 = ___
9 • 8 = ___ 1 • 8 = ___ 6 • 8 = ___ 0 • 8 = ___

2. Kannst du dich noch an die Tauschaufgaben mit 7 erinnern?

7 • 2 = ___ 7 • 4 = ___ 7 • 3 = ___ 7 • 8 = ___ 7 • 5 = ___
2 • 7 = ___ 4 • 7 = ___ 3 • 7 = ___ 8 • 7 = ___ 5 • 7 = ___

7 • 9 = ___ 7 • 1 = ___ 7 • 6 = ___ 7 • 0 = ___ 7 • 7 = ___
9 • 7 = ___ 1 • 7 = ___ 6 • 7 = ___ 0 • 7 = ___

3. Welche Rechnungen können dir helfen?

6 • 7 = ___ Hilfe: __________ 8 • 4 = ___ Hilfe: __________
8 • 3 = ___ Hilfe: __________ 9 • 7 = ___ Hilfe: __________
6 • 8 = ___ Hilfe: __________ 7 • 6 = ___ Hilfe: __________
9 • 2 = ___ Hilfe: __________ 6 • 4 = ___ Hilfe: __________
4 • 5 = ___ Hilfe: __________ 7 • 4 = ___ Hilfe: __________
9 • 6 = ___ Hilfe: __________ 9 • 3 = ___ Hilfe: __________
5 • 9 = ___ Hilfe: __________ 5 • 7 = ___ Hilfe: __________
7 • 8 = ___ Hilfe: __________ 7 • 3 = ___ Hilfe: __________
4 • 9 = ___ Hilfe: __________ 4 • 6 = ___ Hilfe: __________

© Lernen mit Teo & Tia, G&G Verlag

Aufgaben zum Rechnen und Nachdenken

1. Überlege immer, welche Rechnung dir helfen kann.

3 • 8 = ___	5 • 2 = ___	9 • 1 = ___	7 • 2 = ___
3 • 4 = ___	5 • 8 = ___	9 • 7 = ___	7 • 8 = ___
3 • 9 = ___	5 • 4 = ___	9 • 3 = ___	7 • 4 = ___
3 • 5 = ___	5 • 9 = ___	9 • 9 = ___	7 • 6 = ___
6 • 6 = ___	8 • 9 = ___	4 • 3 = ___	2 • 9 = ___
6 • 3 = ___	8 • 3 = ___	4 • 6 = ___	2 • 2 = ___
6 • 9 = ___	8 • 1 = ___	4 • 4 = ___	2 • 8 = ___
6 • 7 = ___	8 • 6 = ___	4 • 8 = ___	2 • 6 = ___

2.

1 • 1 = ___

2 • 2 = ___

3 • 3 = ___

4 • 4 = ___

5 • 5 = ___

6 • 6 = ___

7 • 7 = ___

8 • 8 = ___

9 • 9 = ___

10 • 10 = ___

Die Darstellungen dieser Malrechnungen schauen aus wie Quadrate.

3. Finde eine passende Malaufgabe.

3 • ___ = 24	___ • ___ = 18	___ • ___ = 32	___ • ___ = 0
___ • ___ = 24	___ • ___ = 16	___ • ___ = 64	___ • ___ = 27
___ • ___ = 24	___ • ___ = 12	___ • ___ = 81	___ • ___ = 56
___ • ___ = 24	___ • ___ = 20	___ • ___ = 25	___ • ___ = 36

Kniffelige Aufgaben

Wenn du mit 0 multiplizierst, ist das Ergebnis immer 0.
→ eine Zahl mal 0 oder 0 mal eine Zahl = 0

1.

0 • 6 = ___	0 • 22 = ___	5 • 0 = ___	58 • 0 = ___
0 • 8 = ___	0 • 46 = ___	7 • 0 = ___	0 • 27 = ___
0 • 12 = ___	0 • 53 = ___	9 • 0 = ___	72 • 0 = ___
97 • 0 = ___	23 • 0 = ___	71 • 0 = ___	64 • 0 = ___

Wenn du 0 addierst oder subtrahierst, ist das Ergebnis die Ausgangszahl.
→ eine Zahl plus 0 oder eine Zahl minus 0 = die Ausgangszahl

2. Schau genau! Hier gibt es auch Plus- und Minusaufgaben!

20 – 0 = ___	9 – 0 = ___	8 • 0 = ___	100 • 0 = ___
4 + 0 = ___	0 • 4 = ___	13 + 0 = ___	0 + 16 = ___
0 • 2 = ___	7 + 0 = ___	71 – 0 = ___	10 – 0 = ___
0 • 6 = ___	0 + 8 = ___	14 – 0 = ___	27 – 0 = ___

Wenn du mit 1 multiplizierst, ist das Ergebnis immer die Ausgangszahl.
→ eine Zahl mal 1 oder 1 mal eine Zahl = die Ausgangszahl

3.

1 • 5 = ___	9 • 1 = ___	8 + 0 = ___	1 + 29 = ___
1 • 8 = ___	47 • 1 = ___	11 • 1 = ___	99 • 0 = ___
1 • 7 = ___	28 • 1 = ___	8 • 0 = ___	1 • 16 = ___
1 • 19 = ___	9 – 1 = ___	13 + 0 = ___	10 – 0 = ___
12 • 1 = ___	0 • 12 = ___	22 • 0 = ___	10 • 0 = ___

© Lernen mit Teo & Tia, G&G Verlag

Multiplizieren und Dividieren

Ich habe 20 Äpfel und soll immer 4 Äpfel in eine Packung geben.
Ich brauche 5 Packungen.
20 : 4 = 5, weil 5 • 4 = 20

Ich habe 20 Bonbons und möchte sie gerecht auf 5 Kinder aufteilen.
Jedes Kind bekommt 4 Bonbons.
20 : 5 = 4, weil 4 • 5 = 20

Denke beim Lösen der Division an die Einmaleins-Aufgabe.

7 • 5 = 35 → 35 : 5 = 7
7 • 5 = 35 → 35 : 7 = 5

1.

3 • 7 = ___	4 • 3 = ___	5 • 8 = ___	2 • 9 = ___
21 : 3 = ___	12 : 4 = ___	___ : 5 = ___	___ : 2 = ___
21 : 7 = ___	12 : 3 = ___	___ : 8 = ___	___ : 9 = ___

2.

28 : 4 = ___, weil 7 • 4 = 28
63 : 9 = ___, weil 7 • 9 = ___
32 : 8 = ___, weil ___ • ___ = ___
49 : 7 = ___, weil ___ • ___ = ___
14 : 2 = ___, weil ___ • ___ = ___
45 : 5 = ___, weil ___ • ___ = ___
27 : 3 = ___, weil ___ • ___ = ___
48 : 6 = ___, weil ___ • ___ = ___
20 : 5 = ___, weil ___ • ___ = ___
21 : 7 = ___, weil ___ • ___ = ___

3.

18 : 2 = ___	64 : 8 = ___	21 : 3 = ___	42 : 7 = ___
36 : 9 = ___	63 : 9 = ___	28 : 4 = ___	72 : 9 = ___
54 : 6 = ___	81 : 9 = ___	56 : 8 = ___	25 : 5 = ___
50 : 5 = ___	36 : 4 = ___	42 : 6 = ___	24 : 3 = ___

© Lernen mit Teo & Tia, G&G Verlag

Passende Lösungswege finden

1. Luis und Marie sammeln Muscheln. Luis hat 26 Muscheln und Marie hat 19 Muscheln. Wie viele Muscheln haben sie zusammen?

2. Eine Zahl hat sich versteckt.
Sie …
… ist gerade.
… gehört zu den 3-mal-Aufgaben.
… liegt zwischen 20 und 25.
Die Zahl heißt ____.

3. Ivana und Simon laufen voneinander weg. Beim Stoppsignal ist Ivana 39 Meter weit gelaufen. Simon ist 37 Meter gelaufen. Wie weit sind sie nun voneinander entfernt?

4. Marian hat 47 Perlen aufgefädelt. Durch ein Missgeschick rutschen ihm 25 Perlen von der Schnur. Wie viele Perlen sind nun auf der Schnur?

5. Katharina ist 9 Jahre alt. Ihr Bruder ist doppelt so alt.

6. Frau Maler fährt mit dem Bus in die Stadt. Sie braucht dazu 10 Minuten. Sie hat in der Geldbörse 75 Euro.

7. Finde die passende Antwort zur Frage. Kreuze an.
Wie viel erhält Klaus zurück?
- O Er zahlt 27 Euro.
- O Er erhält 27 Euro.
- O Es kostet 27 Euro.

8. Wie musst du rechnen?
PLUS oder MINUS? Kreuze an.
Opas Buch hat 97 Seiten.
38 Seiten hat er bereits gelesen.

O PLUS O MINUS

9. Amelie kauft 7 Hefte zu je 2 Euro.

10. Eine Bohnenpflanze ist 87 cm hoch. Nach einigen Tagen misst sie bereits 1 m. Wie viele cm ist die Bohnenpflanze gewachsen?

© Lernen mit Teo & Tia, G&G Verlag

Wege gehen und beschreiben: Im Streichel- und Kleintierzoo

1. Tia meint: „Ich gehe zuerst zu den Eidechsen, dann zu den Hamstern und weiter zu den Ponys." Teo sagt: „Ich gehe zuerst zu den Ponys und dann zu den Enten und Gänsen." Zeige und beschreibe die Wege von Tia und Teo.

2. Lisa geht ohne Umweg von den Ponys zu den Eidechsen. An welchen Tieren kommt sie vorbei?

3. Mia will vom Eingang zu den Hamstern gehen. Welche Wege könnte sie nehmen?

4. Leo will von den Eseln zu den Eidechsen. Welche Wege könnte er nehmen?

5. Wie kommt man schnell von den Kaninchen zu den Hühnern?

6. Suche selbst Wege und beschreibe sie.

© Lernen mit Teo & Tia, G&G Verlag

Spiegelfiguren – Symmetrie

Ob das Spiegelbild richtig ist, kannst du mit einem Spiegel feststellen.

1. Zeichne die Spiegelbilder.

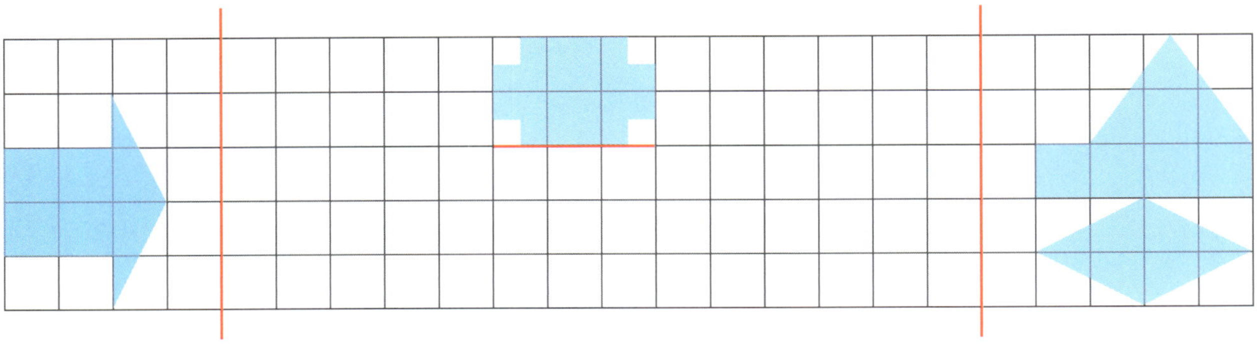

2. Zeichne das Spiegelbild.

3. Erfinde selbst eine Aufgabe.

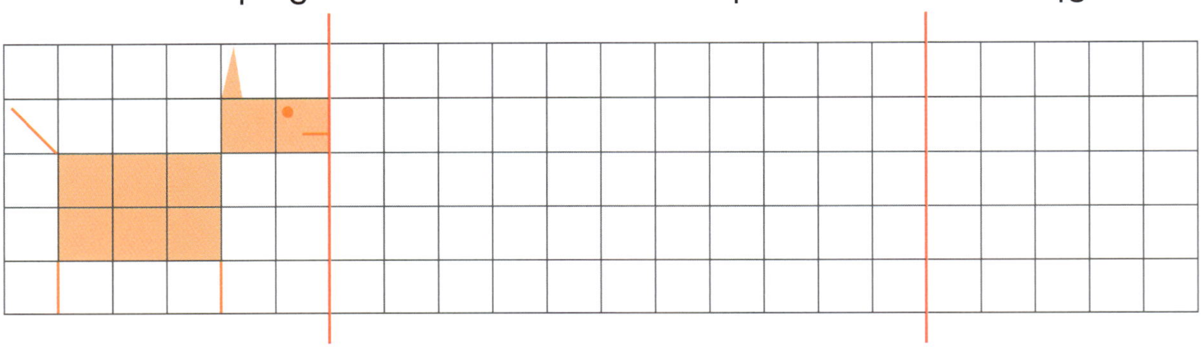

4. Welches Spiegelbild passt?

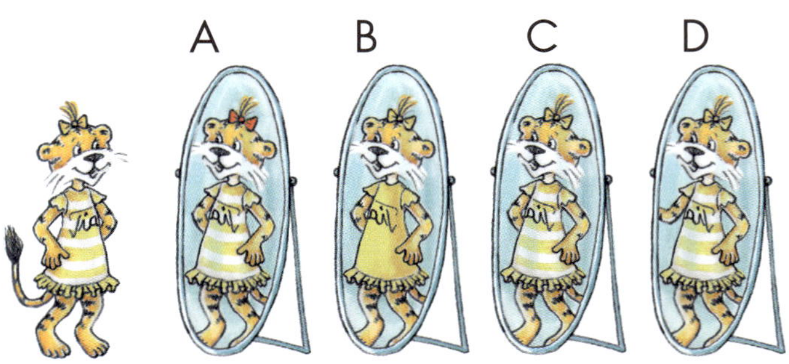

5. Auch Buchstaben und Wörter können symmetrisch sein.
Zeichne die Symmetrieachsen ein.

T C H A M W

UHU TAT OTTO

6. Finde weitere symmetrische Figuren und zeichne sie.

© Lernen mit Teo & Tia, G&G Verlag

Verschiedene geometrische Körper

Würfel: Quader: Kugel: Kegel: Pyramide: Zylinder:

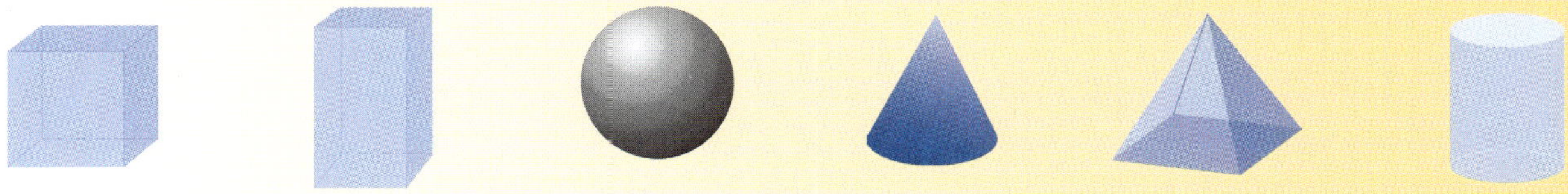

Körper haben Flächen 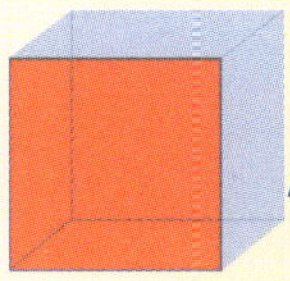, Kanten 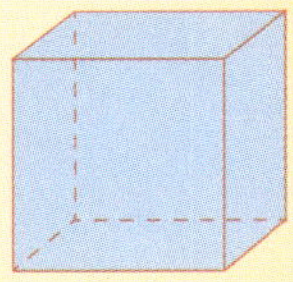 und Ecken 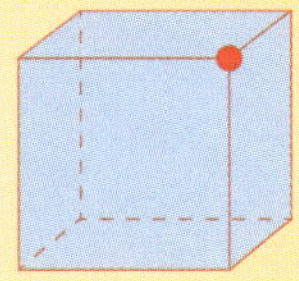.

1. Viele Gegenstände des Alltags haben (fast) die Form der oben genannten geometrischen Körper. Schreibe dazu.

____

____

____
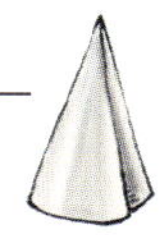

____

____

____

____

____

2. Wie viele Flächen, Kanten und Ecken haben die Körper?

Anzahl	Würfel	Quader	Kugel	Kegel	Pyramide	Zylinder
Flächen						
Kanten						
Ecken						

3. Setze die richtigen Wörter ein.

sechs Kreise zwölf Quadrate Kanten Würfel
acht Rechtecke Ecken Dreiecke

Ein Quader hat ________ Kanten und acht ______________. Seine Außenflächen sind ______________. Ein Würfel hat zwölf ______________ und ________ Ecken. Seine Außenflächen sind ______________.

Gewicht – Kilogramm und Dekagramm

1 Kilogramm = 100 Dekagramm
1 kg = 100 dag

Das Gewicht kannst du mit einer Waage ermitteln.

1. Wie viel wiegen die Gegenstände?

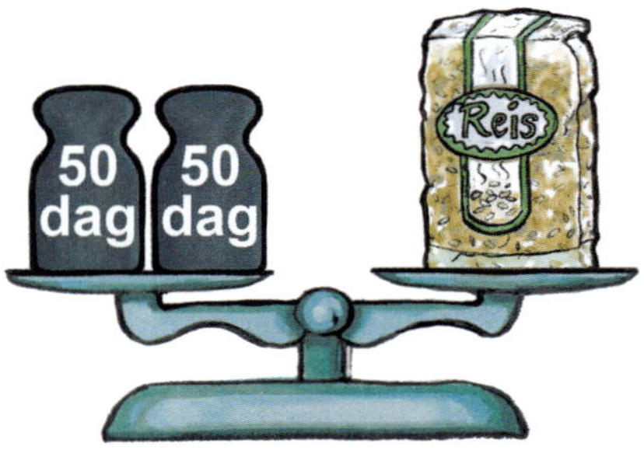

___ dag ___ dag ___ dag

2. Was passt zusammen? Verbinde.

25 dag 1 kg 10 dag 3 kg 3 dag 12 dag

3. Ordne. Beginne mit dem Schwersten.
Buch, Heft, Schultasche: ______________________
Schaf, Hase, Kuh: ______________________
Auto, Roller, Lastwagen: ______________________

4. Berechne.
1 kg 20 dag + 50 dag = ___ kg ___ dag
30 dag + 70 dag = ___ dag = ___ kg ___ dag
1 kg – 80 dag = ___ dag
1 kg – 8 dag = ___ dag

© Lernen mit Teo & Tia, G&G Verlag

Die Zeit: Jahr, Monate, Wochen, Tage

Heute habe ich Geburtstag. Ich bin 1 Jahr älter geworden. Das sind 12 Monate oder 52 Wochen oder 365 Tage.

Alle 4 Jahre hat das Jahr 366 Tage (Schaltjahr).

1. Ordne die Monate der Reihe nach. Fange mit dem Jahresbeginn an.

März ◯ Oktober ◯ Jänner ◯ August ◯ April ◯ November ◯

Juli ◯ September ◯ Mai ◯ Dezember ◯ Juni ◯ Februar ◯

2. Wie viele Tage haben die einzelnen Monate?
Erstelle eine Tabelle auf einem Blatt Papier.

3. Wie viele Tage sind es bis zum Geburtstag? Heute ist der 20. Juli.
Ali hat am 1. August Geburtstag. ____ Tage
Selma hat am 15. September Geburtstag. ____ Tage
Xi hat am 1. Jänner Geburtstag. ____ Tage

4. Welches Datum ist heute? In wie vielen Tagen hast du Geburtstag?
Heutiges Datum: ________ Tage bis zum Geburtstag: ________

5. Die Woche hat sieben Tage. Schreib sie in der richtigen Reihenfolge auf.

____

____

6. Heute ist Samstag. Welcher Wochentag …

war vor drei Tagen? ________

war vor sieben Tagen? ________

ist in fünf Tagen? ________

ist in zwei Tagen? ________

7. Montag, 10. Februar

Welches Datum ist genau 1 Woche später? ________
Welches Datum ist genau 1 Woche vorher? ________

© Lernen mit Teo & Tia, G&G Verlag

Die Zeit: Tag, Stunden, Minuten und Sekunden

Ein Tag hat 24 Stunden.
Eine Stunde hat 60 Minuten (1 h = 60 min).
Eine Minute hat 60 Sekunden (1 min = 60 s).

1. Wie spät ist es? Lies die Uhrzeit ab.

______ Uhr ______ Uhr ______ Uhr ______ Uhr ______ Uhr

2. Tia schaut auf ihre Uhr. Es ist 8.15 Uhr. Wie spät ist es …
in 1 Stunde 10 Minuten? ______ Uhr
in 2 Stunden? ______ Uhr
in 45 Minuten? ______ Uhr
in 15 Minuten? ______ Uhr
in 1 Stunde 25 Minuten? ______ Uhr

Eine Zeitleiste kann helfen!

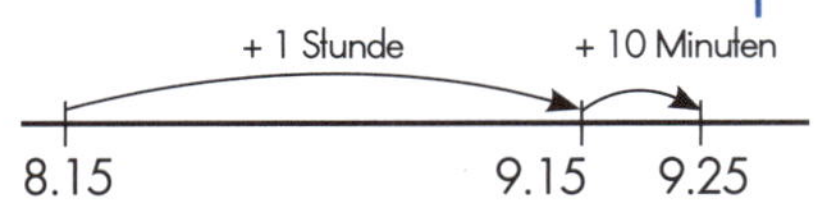

3. Teo schaut auf die Uhr. Es ist 10.45 Uhr. Wie spät war es …
vor 4 Stunden? ______ Uhr
vor 25 Minuten? ______ Uhr
vor 45 Minuten? ______ Uhr
vor 1 Stunde 40 Minuten? ______ Uhr

4. Teo und Tia stehen um 6.45 Uhr auf und um 7.55 Uhr sind sie in der Schule.

____

Ein Zug fährt um 11.25 Uhr ab und kommt um 12.45 Uhr an.

____

5. Teo und Tia stoppen ihre Freunde beim Laufen. Wie viele Sekunden brauchten sie? Ein Umlauf des Sekundenzeigers ist eine Minute!

____ s ____ s ____ s ____ s ____ s

© Lernen mit Teo & Tia, G&G Verlag

Liter und Diagramme

1. Tia und Teo schauen einem Obstbauern zu, wie er Saft aus dem eigenen Obst herstellt. Er macht Apfelsaft, Birnensaft, Traubensaft und Ribiselsaft. Der Saft wird in Literflaschen abgefüllt.

Wie viele Flaschen gibt es schon von jeder Sorte?

Erstelle eine Strichliste.

A	
B	
R	
T	

Zeichne ein Diagramm.

12				
11				
10				
9				
8				
7				
6				
5				
4				
3				
2				
1				
	A	B	R	T

2. Zum Trinken verdünnt Teo den Saft mit Wasser. Aus einem Liter bekommt er vier Liter. Wie viele Liter bekommt er aus …

zwei Liter? ____ Liter drei Liter? ____ Liter fünf Liter? ____ Liter

3. Mit einem Liter Saft füllt Tia fünf Gläser. Wie viele Gläser füllt sie mit …

zwei Litern? ______ Gläser
drei Litern? ______ Gläser
fünf Litern? ______ Gläser
sieben Litern? ______ Gläser
acht Litern? ______ Gläser
zehn Litern? ______ Gläser

© Lernen mit Teo & Tia, G&G Verlag

Lernen mit Teo & Tia

Deutsch und Mathematik für die Volksschule

ISBN 978-3-7074-2201-6

ISBN 978-3-7074-2202-3

ISBN 978-3-7074-2206-1

Die österreichische Erstlesereihe

LESEZUG

ISBN 978-3-7074-2241-2

ISBN 978-3-7074-2142-2

ISBN 978-3-7074-2559-8

ISBN 978-3-7074-2346-4

ISBN 978-3-7074-2376-1

ISBN 978-3-7074-2518-5

2. Klasse Volksschule

Lernen mit Teo & Tia

Mathematik

Richtig lernen – gezielt trainieren!

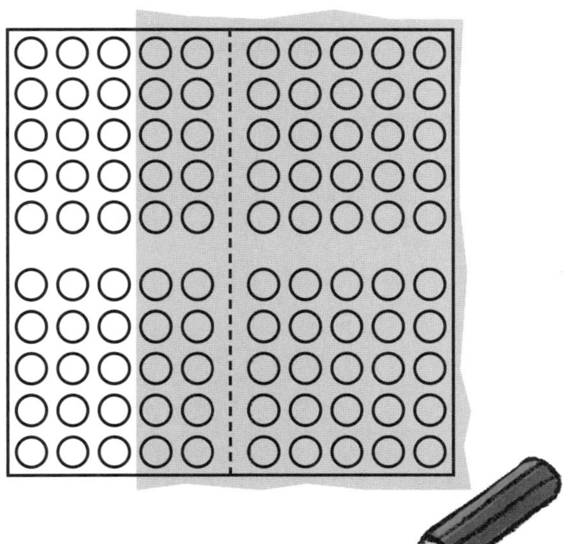

$10 \cdot 3 =$ ____

Lösungen

G&G

Flächen

Rechtecke, Quadrate, Dreiecke und Kreise sind Flächen.

1. Ja, Rechtecke sind besondere Vierecke (vier rechte Winkel).
Quadrate sind besondere Rechtecke (vier gleich lange Seiten).

2. Wie viele?

a. 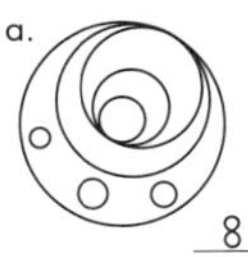 8 Kreise

b. 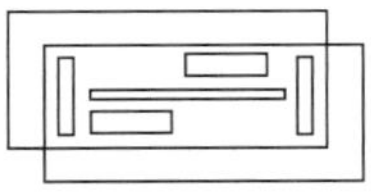 7 Rechtecke

c. 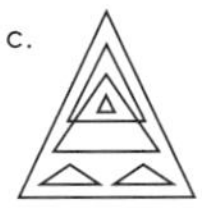 6 Dreiecke

3. Die Flächen liegen übereinander. Wie viele Flächen sind es?
Welche Fläche liegt ganz unten? Welche Fläche liegt ganz oben?

a.

Rechtecke	1
Quadrate	1
Dreiecke	2
Kreise	1

unten: Quadrat
oben: Kreis

b.

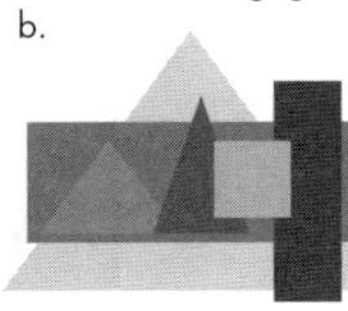

Rechtecke	2
Quadrate	1
Dreiecke	3
Kreise	0

unten: Dreieck
oben: Quadrat

4. Setze das Muster fort.

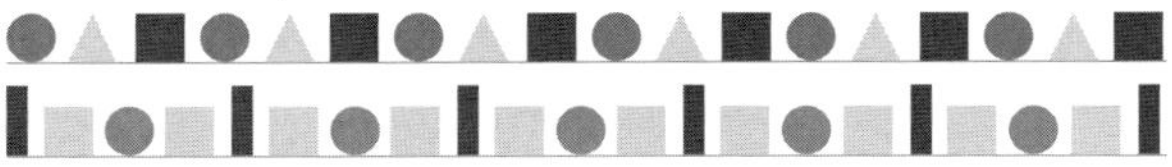

Erfinde selbst ein Muster. ______________________________

© Lernen mit Teo & Tia, G&G Verlag

Zahlen bis 100 – Bündeln

Ich habe gezählt.
Es sind 27 Würfel.

Ich habe immer 10 Würfel zusammengelegt.
So sehe ich genau 27 Würfel.

2 Zehner
7 Einer

Immer 10 Würfel ergeben ein volles Zehnerfeld. 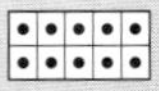

10 Würfel können aber auch zu einer ZEHNERSTANGE zusammengelegt werden. Zeichne sie so: ▬

Die Einzelnen – die EINER – bleiben so: ■

Bündeln hilft für das Erfassen der Menge ohne ein Zählen aller Elemente.

1. Finde Zehner und verbleibende Einer.

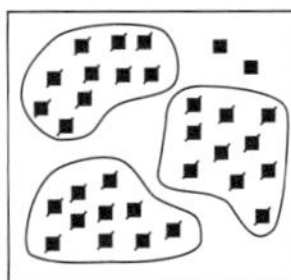	 3 Zehner 2 Einer 3 Z 2 E	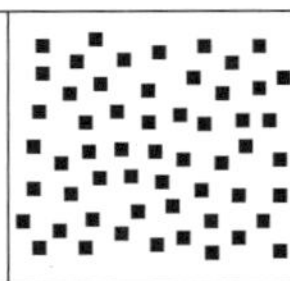	 5 Zehner 6 Einer 5 Z 6 E
	 4 Zehner 5 Einer 4 Z 5 E	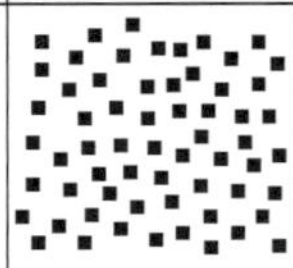	 6 Zehner 2 Einer 6 Z 2 E
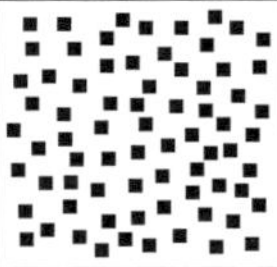	 7 Zehner 3 Einer 7 Z 3 E	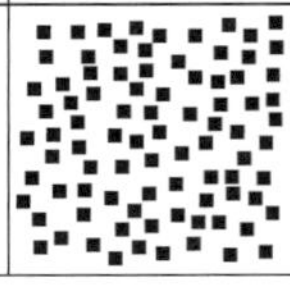	 8 Zehner 7 Einer 8 Z 7 E

2. Gestalte weitere Aufgaben nach diesem Vorbild. Arbeite in deinem Heft.

© Lernen mit Teo & Tia, G&G Verlag

Zahlen bis 100 – Stellenwert

ZEHNER und EINER haben in einer Tabelle ihren bestimmten Platz:

3 Zehner
4 Einer

3 ZEHNER in die Zehnerspalte.
4 EINER in die Einerspalte.
In der Stellenwerttabelle sehe ich wie viele E und wie viele Z ich habe.

Z	E
3	4

EINER belegen immer die Einerstelle. ZEHNER belegen immer die Zehnerstelle. Es kann vorkommen, dass die Einerstelle oder die Zehnerstelle leer bleibt. Die leere Einerstelle muss mit einer Null belegt werden. Die leere Zehnerstelle muss nicht belegt werden, da 04 und 4 für die gleiche Anzahl stehen. An verschiedenen Stellen hat dieselbe Ziffer eine unterschiedliche Bedeutung.

Z	E
4	0

Z	E
0	4

1. Suche den richtigen Platz für ZEHNER und EINER. Ergänze.

		Z	E			Z	E
	4 Zehner 2 Einer	4	2		3 Z 1 E	3	1
	7 Z 1 E	7	1		6 Z 3 E	6	3
	2 Z 8 E	2	8		8 Z 0 E	8	0
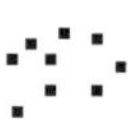	0 Z 9 E	0	9	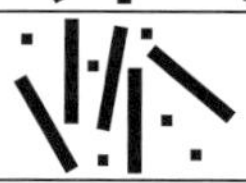	5 Z 6 E	5	6

2. Gestalte weitere Aufgaben nach diesem Vorbild. Arbeite in deinem Heft.

© Lernen mit Teo & Tia, G&G Verlag

Zahlen bis 100 – Sprechweise

4 ZEHNER und 2 EINER (4 Z 2 E) ergeben die gesprochene Zahl → zwei-und-vierzig → 42

Dann werden 5 ZEHNER und 4 EINER als vier-und-fünfzig → 54 gesprochen.

Die Sprechweise ist umgekehrt zur Schreibrichtung.
Schreibrichtung: Zuerst die ZEHNER → dann die EINER.
Sprechweise: Zuerst die EINER → dann die ZEHNER.

1. Die ZEHNERZAHLEN werden meist als -ZIG-Zahlen (Zehner Im Ganzen) gesprochen → 4 Z = vierzig. Es gibt Sonderfälle, die in der folgenden Tabelle rot hervorgehoben sind. Die Einer werden zuerst gesprochen. Dann folgen die Zehner = -ZIG-Zahl.

Z-Stangen	Z	Zahl	Sprechweise
I	1 Z	10	zehn
II	2 Z	20	zwanzig
III	3 Z	30	dreißig
IIII	4 Z	40	vierzig
IIIII	5 Z	50	fünfzig
I IIIII	6 Z	60	sechzig
II IIIII	7 Z	70	siebzig
III IIIII	8 Z	80	achtzig
IIII IIIII	9 Z	90	neunzig
IIIII IIIII	10 Z	100	hundert

Stellenwerte	Tabelle Z	Tabelle E	Sprechweise	Zahl
4 Z 5 E	4	5	fünfundvierzig	45
6 Z 7 E	6	7	siebenundsechzig	67
1 Z 9 E	1	9	neunzehn	19
3 Z 2 E	3	2	zweiunddreißig	32
8 Z	8	0	achtzig	80
4 Z 3 E	4	3	dreiundvierzig	43
9 Z 6 E	9	6	sechsundneunzig	96

10 Zehner werden zu einer Hunderterplatte zusammengelegt → ■ → ■

10 Zehner = 1 Hunderter

H	Z	E
1	0	0

Die Stellenwerttabelle bekommt links eine Spalte dazu.

© Lernen mit Teo & Tia, G&G Verlag

Zahlen bis 100 – Hunderterfeld

Zahlen können auch am Hunderterfeld dargestellt werden. Das Hunderterfeld besteht aus 10 Zehnern.

10 Zehner = 1 Hunderter

46 besteht aus 4 Z und 6 E und lässt sich mit 40 + 6 am Hunderterfeld darstellen.

4 Z
6 E

Nutze beim Finden der Zahlen zuerst die geordneten Zehner und dann schaue auf die Einer. So lassen sich alle Zahlen finden und darstellen.

1. Welche Zahlen sind dargestellt?

Z	E
3	2

32
30 + 2
zweiunddreißig

Z	E
5	6

56
50 + 6
sechsundfünfzig

Z	E
1	4

14
10 + 4
vierzehn

2. Zeichne die Zahlen ein und vervollständige.

Z	E
4	7

47
40 + 7
siebenundvierzig

Z	E
2	3

23
20 + 3
dreiundzwanzig

Z	E
6	5

65
60 + 5
fünfundsechzig

Z	E
9	3

93
90 + 3
dreiundneunzig

Z	E
8	8

88
80 + 8
achtundachtzig

Z	E
7	0

70
70
siebzig

© Lernen mit Teo & Tia, G&G Verlag

Zahlen bis 100 – Rechenstrich

In der Mitte zwischen 0 und 100 liegt 50.

Dann liegt 85 ungefähr hier.

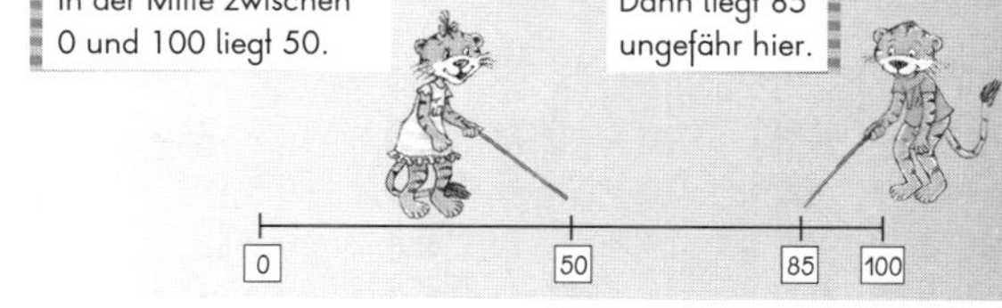

1. Trage die Zahlen auf dem Rechenstrich ein, wo sie ungefähr liegen.

10, 80, 40, 60 — 0, 10, 40, 60, 80, 100

29, 55, 75, 99 — 0, 29, 55, 75, 99, 100

3, 80, 20, 79 — 0, 3, 20, 79, 80, 100

2.

Nimm dir ein längeres Seil. Erstelle Zahlenkarten von 0 bis 100.
Ziehe einige Zahlenkarten und ordne sie am Seil dem ungefähren Platz zu.
Beginne beim Zuordnen mit den Zehnerzahlen.
Mache diese Übung öfter.

© Lernen mit Teo & Tia, G&G Verlag

Schätzen und Zählen

Schätzen ist gar nicht so einfach. Das muss man oft üben.

Das stimmt. Manchmal kann man aber die Dinge geschickt zusammenfassen, um sie schnell **zählen** zu können.

1. Schätze und zähle.

Wie viele Tomaten?

geschätzt: gezählt: 10

Wie viele Vögel?

geschätzt: gezählt: 12

Wie viele Blumen?

geschätzt: gezählt: 20

Wie viele Ameisen?

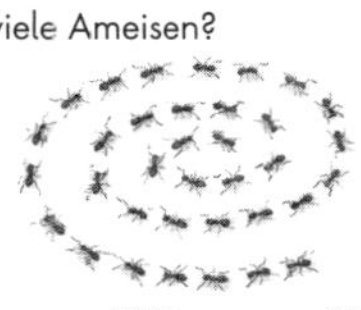

geschätzt: gezählt: 35

2. Schätze und zähle.
Welche Anzahl kannst du leichter bestimmen?
Begründe deine Meinung!

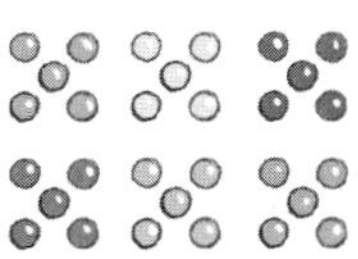

Es sind insgesamt 30.
Die geordnete Darstellung verschafft einen schnellen Überblick.

© Lernen mit Teo & Tia, G&G Verlag

Mit Würfeln bauen – Würfelgebäude

Tia und Teo bauen Würfelgebäude. Sie zeichnen auch die Baupläne.

Würfelgebäude:

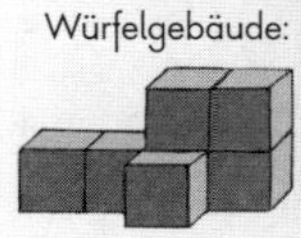

Bauplan:

1	1	2	2
		1	

1. Wie viele Würfel wurden verwendet? Erstelle den Bauplan.

16 Würfel

4	1	1	2
1	1	1	1
1		1	
1		1	

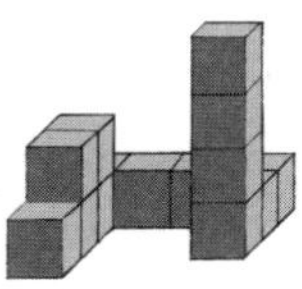

14 Würfel

1	1	1	1
2			1
2			4
1			

2. Seitenansichten. Von wo aus siehst du das Gebäude?
Von vorne, von hinten, von links, von rechts oder von oben?

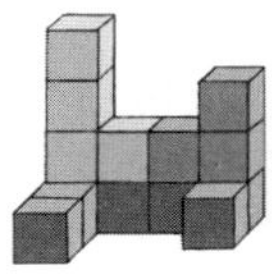
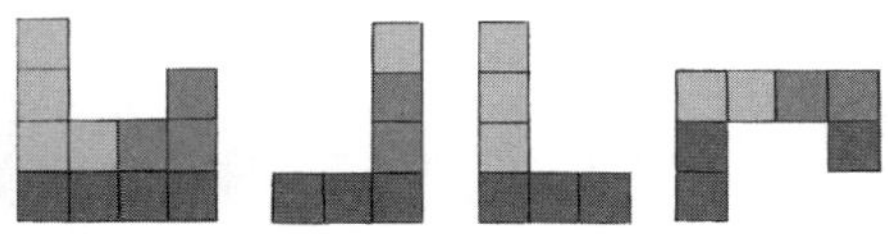

3. Zeichne selbst Ansichten des Gebäudes.

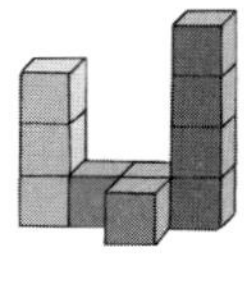
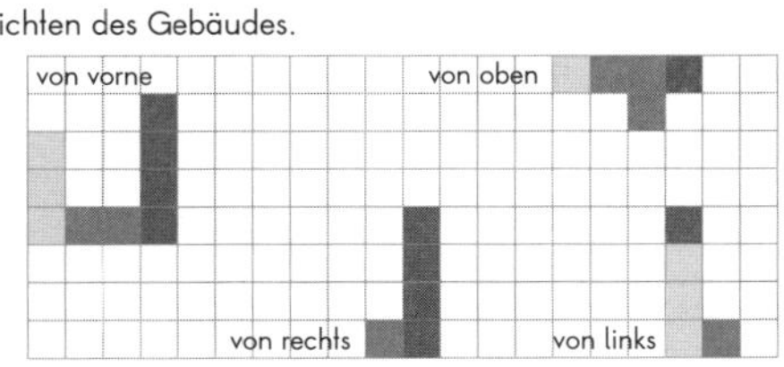

© Lernen mit Teo & Tia, G&G Verlag

Plusrechnen im Zahlenraum 100

Jeder Zehner ist gleich aufgebaut.

1. Löse die Päckchen und zeichne sie.

10 + 1 → 11	20 + 1 → 21	40 + 1 → 41
10 + 2 → 12	20 + 2 → 22	40 + 2 → 42
10 + 3 → 13	20 + 3 → 23	40 + 3 → 43
10 + 4 → 14	20 + 4 → 24	40 + 4 → 44
10 + 5 → 15	20 + 5 → 25	40 + 5 → 45
10 + 6 → 16	20 + 6 → 26	40 + 6 → 46
10 + 7 → 17	20 + 7 → 27	40 + 7 → 47
10 + 8 → 18	20 + 8 → 28	40 + 8 → 48
10 + 9 → 19	20 + 9 → 29	40 + 9 → 49
10 + 10 → 20	20 + 10 → 30	40 + 10 → 50

Schreibe die Päckchen vollständig in dein Heft und zeichne sie.

50 + 1 → 51   70 + 1 → 71   90 + 1 → 91

Zeichne die Aufgaben, dann lässt sich die Lösung anschaulich ermitteln.

26 + 3

Z zu Z
E zu E

26 + 3 = 29

42 – 20

2 Z weg

42 – 20 = 22

2. Zeichne diese Aufgaben und löse sie. Arbeite in deinem Heft.

46 + 2 = 48	5 + 62 = 67	69 – 3 = 66	29 – 9 = 20
30 + 15 = 45	20 + 43 = 63	73 – 30 = 43	81 – 60 = 21
51 + 20 = 71	3 + 75 = 78	59 – 21 = 38	62 – 31 = 31
74 + 13 = 87	61 + 24 = 85	46 – 30 = 16	99 – 5 = 94

© Lernen mit Teo & Tia, G&G Verlag

Plusrechnen im Zahlenraum 100

Weg 1: Stellen extra – Zehner und Einer getrennt

Ich rechne Zehner und Einer getrennt. ①

37 + 26

Ich trenne Zehner und Einer und rechne so. ②

37 + 26 = 63
(Z + Z) 30 + 20 = 50
(E + E) 7 + 6 = 13
Gesamtsumme

37 + 26 = 63
(E+E) 7 + 6 = 13
(Z+Z) 30 + 20 = 50
Gesamtsumme

① Ich addiere zuerst die Zehner und dann die Einer.

② Ich addiere zuerst die Einer und dann die Zehner.

1. Zeichne und rechne. Rechne abwechselnd wie Tia und Teo.

54 + 27

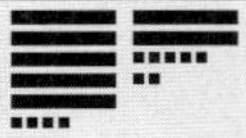

54 + 27 = 81
50 + 20 = 70
4 + 7 = 11

66 + 15

66 + 15 = 81
6 + 5 = 11
60 + 10 = 70

36 + 47

36 + 47 = 83
30 + 40 = 70
6 + 7 = 13

26 + 17

26 + 17 = 43
6 + 7 = 13
20 + 10 = 30

2.

46 + 45 = 91	55 + 23 = 78	37 + 36 = 73
40 + 40 = 80	5 + 3 = 8	7 + 6 = 13
6 + 5 = 11	50 + 20 = 70	30 + 30 = 60
48 + 37 = 85	73 + 16 = 89	56 + 25 = 81
8 + 7 = 15	3 + 6 = 9	50 + 20 = 70
40 + 30 = 70	70 + 10 = 80	6 + 5 = 11

© Lernen mit Teo & Tia, G&G Verlag

Weg 2: Schrittweise – Ein Summand wird in Zehner und Einer zerlegt.

Ich zerlege nur 26 in Zehner und Einer und rechne zuerst die Zehner dazu.

37 + 26

Ich zerlege auch 26 in Zehner und Einer und rechne zuerst die Einer dazu.

37 + 26 = 63
(+ Z) 37 + 20 = 57
(+ E) 57 + 6 = 63
Lösung

37 + 26 = 63
(+ E) 37 + 6 = 43
(+ Z) 43 + 20 = 63
Lösung

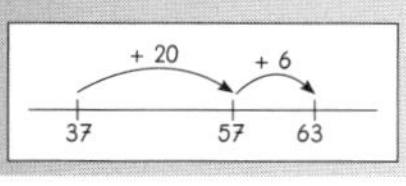

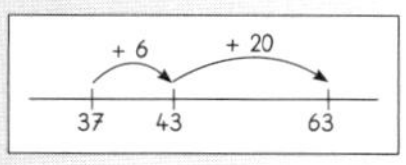

1. Zeichne am Rechenstrich und löse. Rechne abwechselnd wie Tia und Teo.

37 + 44

37 + 44 = 81
37 + 40 = 77
77 + 4 = 81
Lösung

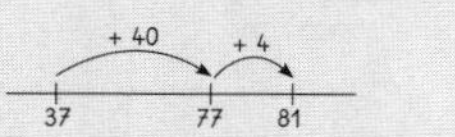

56 + 25

56 + 25 = 81
56 + 5 = 61
61 + 20 = 81
Lösung

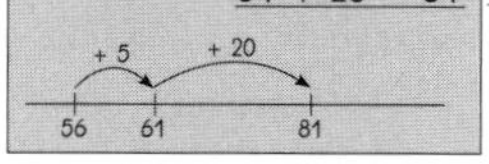

47 + 26

47 + 26 = 73
47 + 20 = 67
67 + 6 = 73
Lösung

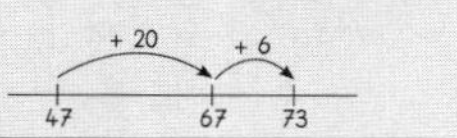

65 + 17

65 + 17 = 82
65 + 7 = 72
72 + 10 = 82
Lösung

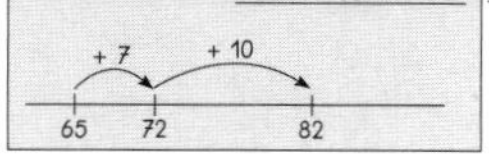

2.

27 + 46 = 73	35 + 18 = 53	64 + 27 = 91
27 + 40 = 67	35 + 8 = 43	64 + 20 = 84
67 + 6 = 73	43 + 10 = 53	84 + 7 = 91
Lösung	Lösung	Lösung
46 + 16 = 62	35 + 26 = 61	25 + 38 = 63
46 + 6 = 52	35 + 20 = 55	25 + 8 = 33
52 + 10 = 62	55 + 6 = 61	33 + 30 = 63
Lösung	Lösung	Lösung

© Lernen mit Teo & Tia, G&G Verlag

Weg 3: 9er-Trick / 8er-Trick – Eine Zahl wird zum vollen Zehner verändert und dann korrigiert.

19 liegt nahe bei 20. Daher rechne ich: 37 + 20 = 57 und nehme dann 1 weg = 56

18 liegt nahe bei 20. Daher rechne ich: 37 + 20 = 57 und nehme dann 2 weg = 55

37 + 19

37 + 19 = 56
37 + 20 = 57
57 – 1 = 56
Lösung

37 + 18

37 + 18 = 55
37 + 20 = 57
57 – 2 = 55
Lösung

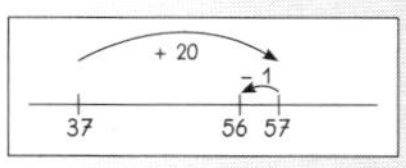

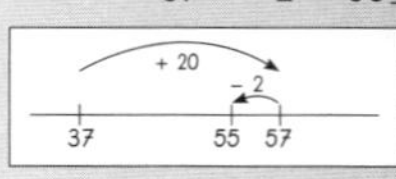

1. Zeichne am Rechenstrich und löse.

53 + 19

53 + 19 = 72
53 + 20 = 73
73 - 1 = 72
Lösung

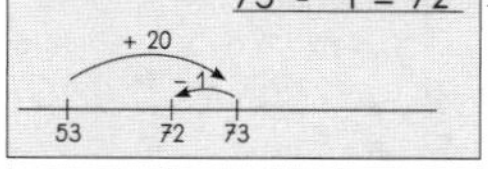

46 + 28

46 + 28 = 74
46 + 30 = 76
76 - 2 = 74
Lösung

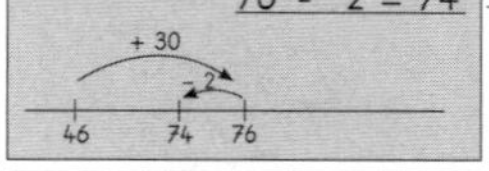

25 + 39

25 + 39 = 64
25 + 40 = 65
65 - 1 = 64
Lösung

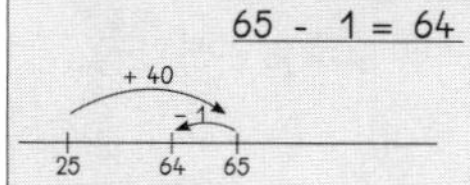

37 + 48

37 + 48 = 85
37 + 50 = 87
87 - 2 = 85
Lösung

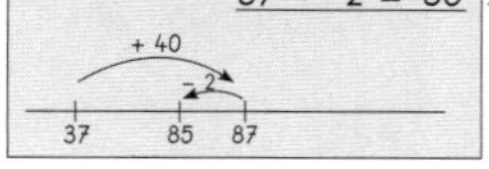

2.

36 + 29 = 65	57 + 18 = 75	15 + 69 = 84
36 + 30 = 66	57 + 20 = 77	15 + 70 = 85
66 - 1 = 65	77 - 2 = 75	85 - 1 = 84
Lösung	Lösung	Lösung
49 + 33 = 82	64 + 28 = 92	26 + 59 = 85
50 + 33 = 83	64 + 30 = 94	26 + 60 = 86
83 - 1 = 82	94 - 2 = 92	86 - 1 = 85
Lösung	Lösung	Lösung

© Lernen mit Teo & Tia, G&G Verlag

Plusrechnen im Zahlenraum 100

Aufgaben zum Rechnen und Nachdenken

1. Wie rechnest du?

53 + 37 = 90	46 + 28 = 74	65 + 16 = 81
50 + 30 = 80	46 + 30 = 76	65 + 10 = 75
3 + 7 = 10	76 - 2 = 74	75 + 6 = 81
79 + 16 = 95	47 + 45 = 92	58 + 24 = 82
80 + 16 = 96	40 + 40 = 80	60 + 24 = 84
96 - 1 = 95	7 + 5 = 12	84 - 2 = 82

2. Löse die schönen Päckchen!

16 + 19 = 35	25 + 25 = 50	27 + 21 = 48
16 + 29 = 45	26 + 25 = 51	27 + 19 = 46
16 + 39 = 55	27 + 25 = 52	27 + 17 = 44
16 + 49 = 65	28 + 25 = 53	27 + 15 = 42
16 + 59 = 75	29 + 25 = 54	27 + 13 = 40
16 + 69 = 85	30 + 25 = 55	27 + 11 = 38

Was fällt dir auf?

Es wird immer um 10 mehr.	Es wird immer um 1 mehr.	Es wird immer um 2 weniger.

3. Finde Aufgaben mit dem gleichen Ergebnis! Beispiellösung:

55 + 29 = 84	46 + 46 = 92	40 + 22 = 62
54 + 30 = 84	47 + 45 = 92	39 + 23 = 62
53 + 31 = 84	37 + 55 = 92	38 + 24 = 62
52 + 32 = 84	39 + 53 = 92	37 + 25 = 62

© Lernen mit Teo & Tia, G&G Verlag

Unser Geld – Euro und Cent

Unsere Münzen:

1c 2c 5c 10c 20c 50c 1€ 2€

1 Euro sind 100 Cent (1 € = 100 c).

1. Immer 1 Euro (1 €).
Wie viele 10 c Münzen ergeben 1 Euro? 10 Münzen
Wie viele 50 c Münzen ergeben 1 Euro? 2 Münzen
Wie viele 20 c Münzen ergeben 1 Euro? 5 Münzen

2. Finde mindestens vier verschiedene Möglichkeiten, um einen Euro mit verschiedenen Centmünzen zu erhalten. Zeichne und schreibe auf.

z.B.: 50c + 20c + 20c + 10c	z.B.: 50c + 20c + 10c + 10c + 10c
z.B.: 50c + 20c + 20c + 5c + 5c	z.B.: 20c + 20c + 20c + 20c + 10c + 10c

3. Bezahle mit möglichst wenigen Münzen. Schreib die Rechnungen auf.

30 c = 20c + 10c 90c = 50c + 20c + 20c 80c = 50c + 20c + 10c

4. Welche Münzen hat Tia verwendet?

30c mit 5 Münzen: 10c + 5c + 5c + 5c + 5c

77c mit 7 Münzen: 20c + 20c + 10c + 10c + 10c + 5c + 2c oder
20c + 20c + 20c + 5c + 5c + 5c + 2c oder
20c + 20c + 20c + 10c + 5c + 1c + 1c

5. Wie viel muss Teo noch aus seiner Geldtasche nehmen, damit er genau 1 Euro in der Hand hält?

© Lernen mit Teo & Tia, G&G Verlag

Minusrechnen im Zahlenraum 100

Weg 1: Schrittweise – Wegnehmen durch Zerlegen in Zehner und Einer

Ich zerlege 16 in Zehner und Einer und rechne zuerst die Zehner weg.

35 – 16

Ich zerlege 16 in Zehner und Einer und rechne zuerst die Einer weg.

35 – 16 = 19 ← Lösung
(– Z) 35 – 10 = 25
(– E) 25 – 6 = 19

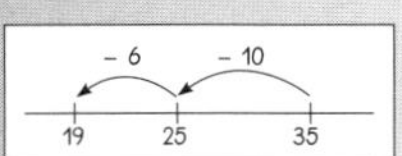

35 – 16 = 19 ← Lösung
(– E) 35 – 6 = 29
(– Z) 29 – 10 = 19

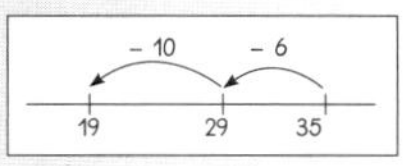

1. Zeichne am Rechenstrich und löse. Rechne abwechselnd wie Tia und Teo.

61 – 37
61 – 37 = 24 ← Lösung
61 – 30 = 31
31 – 7 = 24

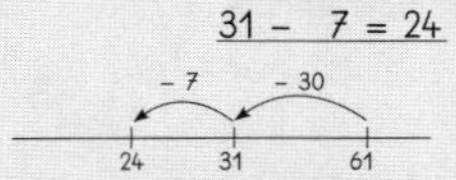

42 – 28
42 – 28 = 14 ← Lösung
42 – 8 = 34
34 – 20 = 14

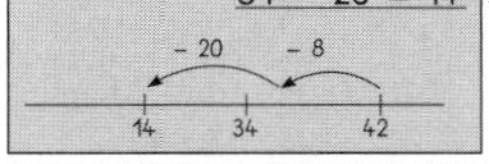

73 – 45
73 – 45 = 28 ← Lösung
73 – 40 = 33
33 – 5 = 28

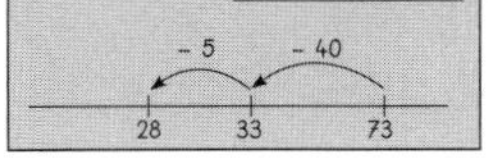

54 – 26
54 – 26 = 28 ← Lösung
54 – 6 = 48
48 – 20 = 28

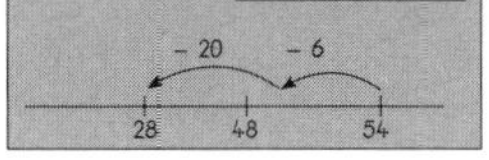

2.

83 – 37 = 46	72 – 28 = 44	94 – 48 = 46
83 – 30 = 53	72 – 20 = 52	94 – 8 = 86
53 – 7 = 46	52 – 8 = 44	86 – 40 = 46
45 – 27 = 18	62 – 26 = 36	52 – 25 = 27
45 – 20 = 25	62 – 6 = 56	52 – 20 = 32
25 – 7 = 18	56 – 20 = 36	32 – 5 = 27

© Lernen mit Teo & Tia, G&G Verlag

Weg 2: 9er-Trick / 8er-Trick – Die wegzunehmende Zahl wird zum vollen Zehner verändert und dann korrigiert.

19 liegt nahe bei 20. Daher rechne ich: 37 – 20 = 17 und gebe dann 1 dazu = 18

18 liegt nahe bei 20. Daher rechne ich: 37 – 20 = 17 und gebe dann 2 dazu = 19

37 – 19
37 – 19 = 18 ← Lösung
37 – 20 = 17
17 + 1 = 18

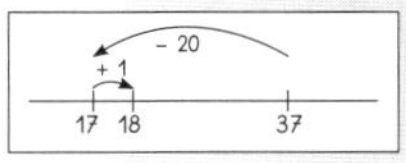

37 – 18
37 – 18 = 19 ← Lösung
37 – 20 = 17
17 + 2 = 19

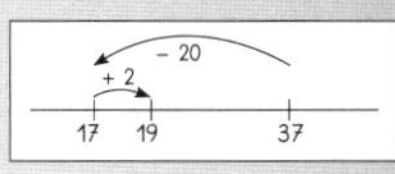

1. Zeichne am Rechenstrich und löse.

75 – 29
75 – 29 = 46
75 – 30 = 45
45 + 1 = 46

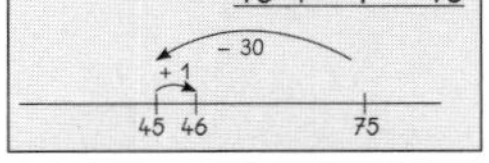

83 – 58
83 – 58 = 25
83 – 60 = 23
23 + 2 = 25

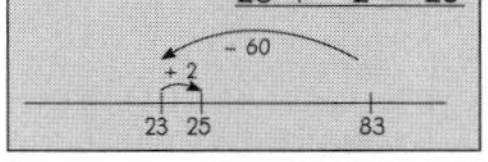

96 – 39
96 – 39 = 57
96 – 40 = 56
56 + 1 = 57

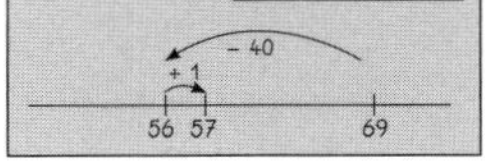

66 – 48
66 – 48 = 18
66 – 50 = 16
16 + 2 = 18

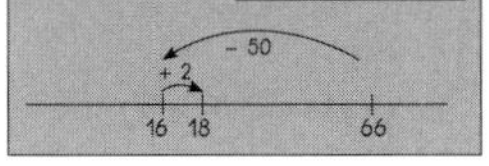

2.

95 – 69 = 26	55 – 28 = 27	47 – 19 = 28
95 – 70 = 25	55 – 30 = 25	47 – 20 = 27
25 + 1 = 26	25 + 2 = 27	27 + 1 = 28
86 – 58 = 28	63 – 29 = 34	71 – 48 = 23
86 – 60 = 26	63 – 30 = 33	71 – 50 = 21
26 + 2 = 28	33 + 1 = 34	21 + 2 = 23

© Lernen mit Teo & Tia, G&G Verlag

Weg 3: Ergänzen – Minusrechnungen durch Ergänzen lösen

Minusaufgaben können auch durch Ergänzen gelöst werden. Wie viel fehlt von der kleineren Zahl auf die größere Zahl?

64 – 58

Die Zahl 64 und die Zahl 58 liegen in der Zahlenreihe nahe beisammen. Daher denke ich statt 64 – 58 an
58 + __ = 64

Minusaufgabe: 64 – 58 =
Ergänzung: 58 + ____ = 64

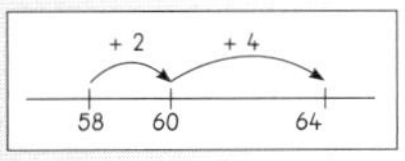

1. Zeichne am Rechenstrich und löse.

73 – 69
73 – 69 = 4
69 + 4 = 73

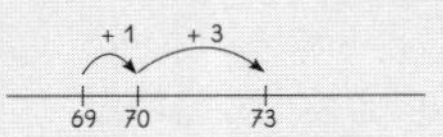

46 – 37
46 – 37 = 9
37 + 9 = 46

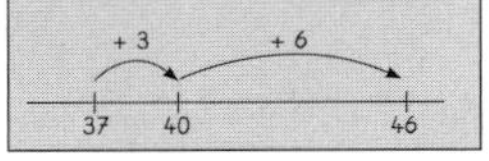

55 – 47
55 – 47 = 8
47 + 8 = 55

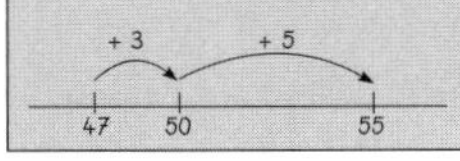

62 – 58
62 – 58 = 4
58 + 4 = 62

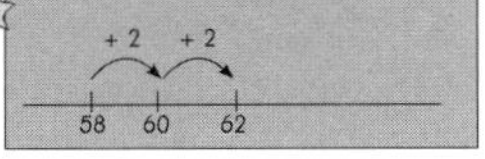

2. 67 – 61 = 6
61 + 6 = 67

38 – 29 = 9
29 + 9 = 38

91 – 85 = 6
85 + 6 = 91

73 – 65 = 8
65 + 8 = 73

61 – 58 = 3
58 + 3 = 61

84 – 76 = 8
76 + 8 = 84

© Lernen mit Teo & Tia, G&G Verlag

Minusrechnen im Zahlenraum 100
Aufgaben zum Rechnen und Nachdenken

1. Wie rechnest du?

72 – 26 = 46
72 – 20 = 52
52 – 6 = 46

53 – 29 = 24
53 – 30 = 23
23 + 1 = 24

42 – 37 = 5
37 + 5 = 42

82 – 54 = 28
82 – 50 = 32
32 – 4 = 28

61 – 25 = 36
61 – 5 = 56
56 – 20 = 36

91 – 36 = 55
91 – 30 = 61
61 – 6 = 55

2. Löse die schönen Päckchen!

35 – 16 = 19	91 – 29 = 62	61 – 59 = 2
35 – 17 = 18	81 – 29 = 52	62 – 58 = 4
35 – 18 = 17	71 – 29 = 42	63 – 57 = 6
35 – 19 = 16	61 – 29 = 32	64 – 56 = 8
35 – 20 = 15	51 – 29 = 22	65 – 55 = 10
35 – 21 = 14	41 – 29 = 12	66 – 54 = 12

Was fällt dir auf?

Es wird immer um 1 weniger.

Es wird immer um 10 weniger.

Es wird immer um 2 mehr.

3. Finde Aufgaben mit dem gleichen Ergebnis! Beispiellösung:

75 – 27 = 48	52 – 36 = 16	75 – 50 = 25
76 – 28 = 48	62 – 46 = 16	76 – 51 = 25
77 – 29 = 48	72 – 56 = 16	77 – 52 = 25
78 – 30 = 48	82 – 66 = 16	78 – 53 = 25

© Lernen mit Teo & Tia, G&G Verlag

Längen messen und zeichnen – Zentimeter

Tia misst die Breite ihres Fingers ab.
Er ist genau 1 Zentimeter (1 cm) breit.

Lege das Lineal bei 0 an.

1. Schätze zuerst die Längen der Strecken und miss sie anschließend ab.

	geschätzt	gemessen
a.		7 cm
b.		5 cm
c.		3 cm
d.		3 cm
e.		2 cm

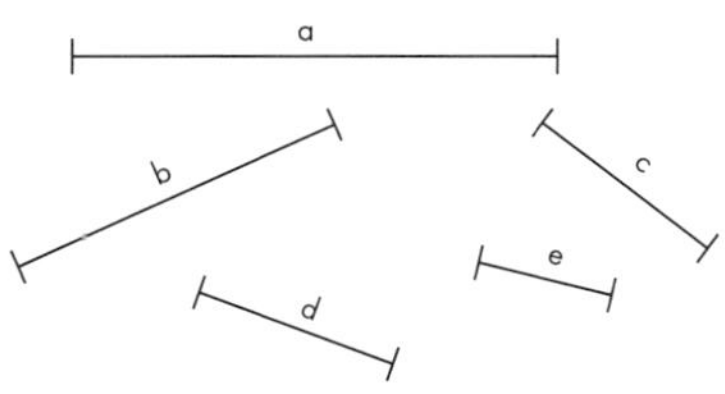

2. Miss die Strecken ab. Markiere die Endpunkte.

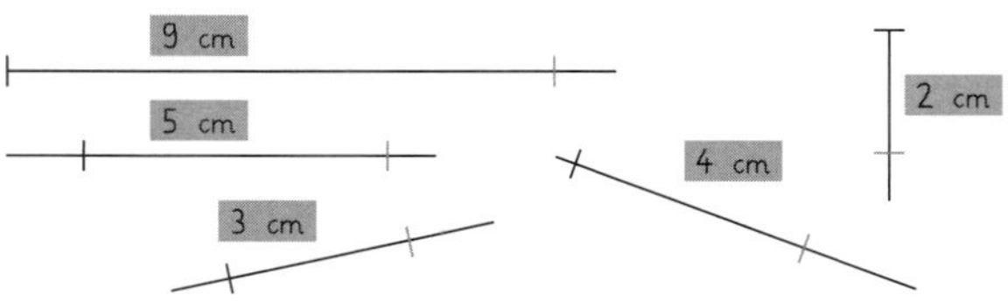

3. Verbinde die Punkte (A – B – C – D – A) mit dem Lineal.
Welche Figur entsteht? Miss die Strecken ab.

Figur: Rechteck
Länge von A nach B: 4 cm
Länge von B nach C: 3 cm
Länge von C nach D: 4 cm
Länge von D nach A: 3 cm

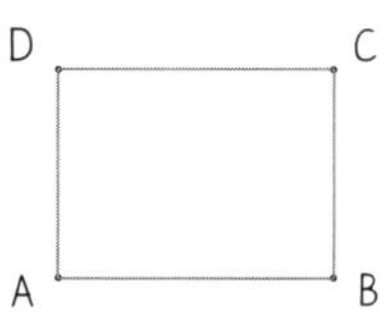

© Lernen mit Teo & Tia, G&G Verlag

Längenmaße: Meter (m) – Dezimeter (dm) – Zentimeter (cm)

1 Meter = 10 Dezimeter → 1 m = 10 dm
1 Meter = 100 Zentimeter → 1 m = 100 cm
1 Dezimeter = 10 Zentimeter → 1 dm = 10 cm

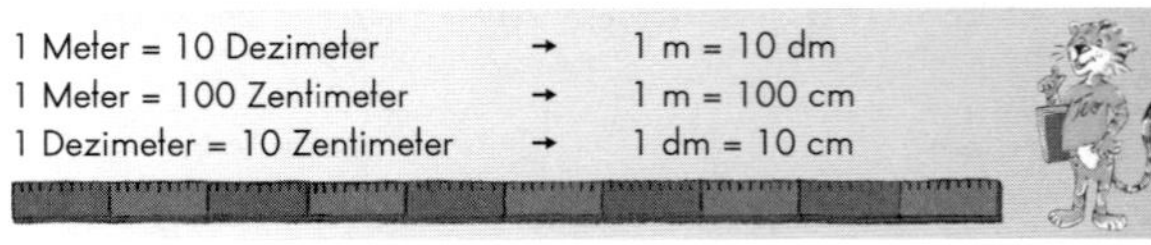

1. 1 m: z. B.: Höhe eines Schuhkastens, Länge einer Tischplatte, ...
1 dm: z. B.: Länge eines Handys, Breite einer Handfläche, ...
1 cm: z. B.: Länge eines Pinn-Nagels, Länge eines Gurkenkerns, ...

2. Was passt zusammen? Verbinde.

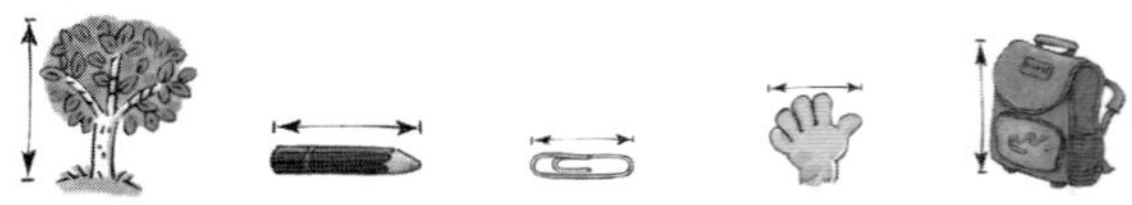

5 m | 15 cm | 2 cm | 1 dm | 4 dm

3. Ordne die Längen der Größe nach. Beginne mit der kleinsten Länge.
8 dm, 1 m, 5 dm, 3 m, 2 dm, 7 dm: 2 dm, 5 dm, 7 dm, 8 dm, 1 m, 3 m
7 dm, 50 cm, 3 dm, 1 dm, 20 cm: 1 dm, 20 cm, 3 dm, 50 cm, 7 dm
5 dm, 10 cm, 4 dm, 2 m, 30 cm: 10 cm, 30 cm, 4 dm, 5 dm, 2 m

4. Miss die Längen der Strecken ab.

12 cm = 1 dm 2 cm

11 cm = 1 dm 1 cm

13 cm = 1 dm 3 cm

5. Berechne.
Beim Einpflanzen war ein Bäumchen 2 dm groß.
Jetzt ist es schon 1 Meter hoch. Wie viel ist es gewachsen? 80 cm = 8 dm

Peter ist 1 m 30 cm groß. Sein Freund ist 1 m 53 cm groß.
Wie viel ist Peter kleiner als sein Freund? 23 cm

© Lernen mit Teo & Tia, G&G Verlag

Teil 1: Grundvorstellung zum Malnehmen

Tia und Teo haben Freunde zum Essen eingeladen.
Jedes Kind bekommt 3 Knödel.

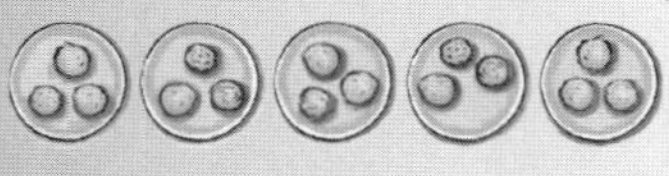

Die Malrechnung heißt 5 mal immer 3.
[5 · 3]

Ziel ist das Finden der richtigen Malrechnung, nicht das Lösen.

1. Zeichne 3 mal immer 4 Kreise. Schreibe als Malrechnung. [3 · 4]

Zeichne 4 mal immer 5 Kreise. Schreibe als Malrechnung. [4 · 5]

Zeichne 6 mal immer 2 Kreise. Schreibe als Malrechnung. [6 · 2]

2. Wie heißt die Rechnung?

[4] mal immer [2]
[4] · [2]

[5] mal immer [4]
[5] · [4]

[3] mal immer [5]
[3] · [6]

© Lernen mit Teo & Tia, G&G Verlag

Teil 2: Grundvorstellung zum Malnehmen

1. Fertige eine Zeichnung an, die zu 2 mal immer 3 passt.

z. B.:

2. Fertige eine Zeichnung an, die zu 3 mal immer 5 passt.

z. B.:

3. Zeichne. Z. B.:

[3 · 7] [4 · 3] [5 · 2]

4. Welche Rechnung erkennst du? Schreibe sie in das Kästchen.

[2 · 3]

[3 · 4]

[2 · 6]

[3 · 6]

[2 · 10]

[4 · 2]

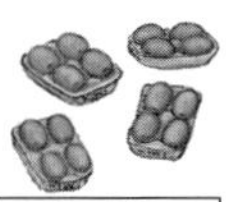
[4 · 4]

[8 · 2]

[3 · 3]

© Lernen mit Teo & Tia, G&G Verlag

Teil 3: Grundvorstellung zum Malnehmen

Achtung! Das ist keine Malrechnung!

Ich sehe 5 + 4, also eine Plusrechnung.

1. Schau genau. Wie heißt die Rechnung? Schreib sie in das Kästchen.

3 · 5	2 + 4	8 · 2
3 + 5 + 3	4 · 4	1 + 2 + 3 + 4

2. Richtig oder falsch? Kreuze an.

[4 · 7]
☒ stimmt
❍ stimmt nicht

[5 · 3]
❍ stimmt
☒ stimmt nicht

3. Schreibe die Malrechnung auf.

3 + 3 + 3 + 3 + 3 = [5] · [3]
2 + 2 + 2 + 2 + 2 + 2 + 2 = [7] · [2]
8 + 8 + 8 = [3] · [8]

4. Schreibe als Plusrechnung auf.

4 · 7 = 7 + 7 + 7 + 7
5 · 15 = 15 + 15 + 15 + 15 + 15
8 · 3 = 3 + 3 + 3 + 3 + 3 + 3 + 3 + 3

5. Welche Rechnung kann man schneller aufschreiben?
☒ Malrechnung
❍ Plusrechnung

© Lernen mit Teo & Tia, G&G Verlag

Teil 4: Grundvorstellung zum Malnehmen

1. Welche Zeichnung passt zur Rechengeschichte? Kreuze an.
In einem Netz sind 4 Zitronen. Tia kauft 3 Netze Zitronen.

❍ passt / ☒ passt nicht

❍ passt / ☒ passt nicht

☒ passt / ❍ passt nicht

2. Welche Rechengeschichten passen zu [3 · 6]? Kreuze an.
❍ Teo verspeist in einer Woche 3 Äpfel und 6 Bananen.
☒ Tia kauft 3 Packungen Ostereier. In einer Packung sind 6 Eier.
☒ Timo weiß: Ein Käfer hat 6 Beine. Er sieht 3 Käfer.

Hier ist eine Malaufgabe geordnet dargestellt.

Tia sieht 3 Reihen mit jeweils 4 Punkten.

Teo sieht 4 Reihen mit jeweils 3 Punkten.

Beides ist richtig! Man kann zwei verschiedene Malrechnungen angeben.
Die Zahlen tauschen ihren Platz.

3. Welche Malrechnungen kannst du erkennen?

[6 · 2] [2 · 6]

[6 · 3] [6 · 3]

[5 · 4] [4 · 5]

© Lernen mit Teo & Tia, G&G Verlag

Verdoppeln – 2 mal, Verzehnfachen – 10 mal

„2 mal" eine Anzahl nehmen → Das heißt auch Verdoppeln.

8 + 8 = 2 · 8 = 16

1.

10 + 10 = 2 · 10 = 20	4 + 4 = 2 · 4 = 8	9 + 9 = 2 · 9 = 18

2.

2 · 4 = 4 + 4 = 8
2 · 8 = 8 + 8 = 16
2 · 3 = 3 + 3 = 6
2 · 1 = 1 + 1 = 2
2 · 5 = 5 + 5 = 10

2 · 0 = 0 + 0 = 0
2 · 7 = 7 + 7 = 14
2 · 2 = 2 + 2 = 4
2 · 6 = 6 + 6 = 12
2 · 9 = 9 + 9 = 18

„10 mal" eine Anzahl nehmen → Das heißt auch Verzehnfachen.

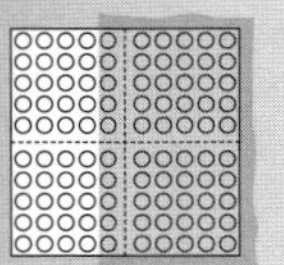

10 · 4 = 40

Ich decke die restlichen Punkte mit einer Folie (z. B. roter Heftumschlag) ab. Es bleiben 4 Zehnerstangen übrig, also 40.

3.

10 · 3 = 30	10 · 2 = 20	10 · 6 = 60
10 · 8 = 80	10 · 7 = 70	10 · 1 = 10
10 · 5 = 50	10 · 0 = 0	10 · 9 = 90

© Lernen mit Teo & Tia, G&G Verlag

Verzehnfachen, Verfünffachen

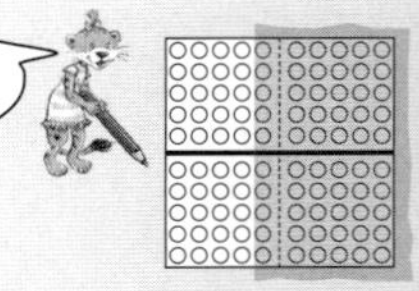

Es sind 10 · 4 Punkte dargestellt. Tia teilt sie mit einem Strich in zwei Hälften.

10 · 4 = 40
5 · 4 = 20

40 → 20, 20

Hier siehst du 10 · 5 Punkte. Teo teilt die Punkte in der Mitte in zwei Hälften.

Jetzt sehe ich 5 · 5 und noch einmal 5 · 5. 5 · 5 ist die Hälfte von 10 · 5

1.

10 · 2 = 20 Die Hälfte von 10 · 2 = 5 · 2 = 10	10 · 6 = 60 Die Hälfte von 10 · 6 = 5 · 6 = 30
10 · 3 = 30 Die Hälfte von 10 · 3 = 5 · 3 = 15	10 · 8 = 80 Die Hälfte von 10 · 8 = 5 · 8 = 40
10 · 7 = 70 Die Hälfte von 10 · 7 = 5 · 7 = 35	10 · 9 = 90 Die Hälfte von 10 · 9 = 5 · 9 = 45

© Lernen mit Teo & Tia, G&G Verlag

Verfünffachen, Verneunfachen

1. Löse zuerst die 10-mal-Aufgabe, dann erst die 5-mal-Aufgabe.

5 · 4 = 20 10 · 4 = 40 40 → 20, 20	5 · 6 = 30 10 · 6 = 60 60 → 30, 30	5 · 8 = 40 10 · 8 = 80 80 → 40, 40
5 · 3 = 15 10 · 3 = 30 30 → 15, 15	5 · 5 = 25 10 · 5 = 50 50 → 25, 25	5 · 7 = 35 10 · 7 = 70 70 → 35, 35

2. Denke an die 10-mal-Aufgabe.

5 · 2 = 10	5 · 1 = 5	5 · 5 = 25	5 · 6 = 30
5 · 5 = 25	5 · 3 = 15	5 · 8 = 40	5 · 10 = 50
5 · 7 = 35	5 · 4 = 20	5 · 0 = 0	5 · 9 = 45

3. Diese Rechnungen kannst du schon.

2 · 2 = 4	2 · 6 = 12	2 · 5 = 10	2 · 8 = 16
10 · 2 = 20	10 · 6 = 60	10 · 5 = 50	10 · 8 = 80
5 · 2 = 10	5 · 6 = 30	5 · 5 = 25	5 · 8 = 40

Vom Verzehnfachen zum Verneunfachen

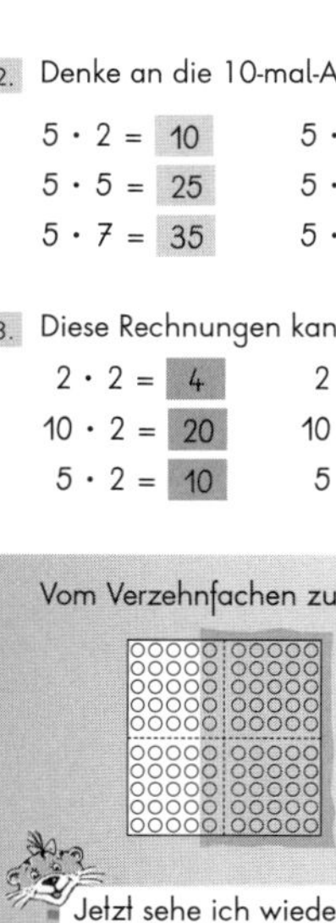

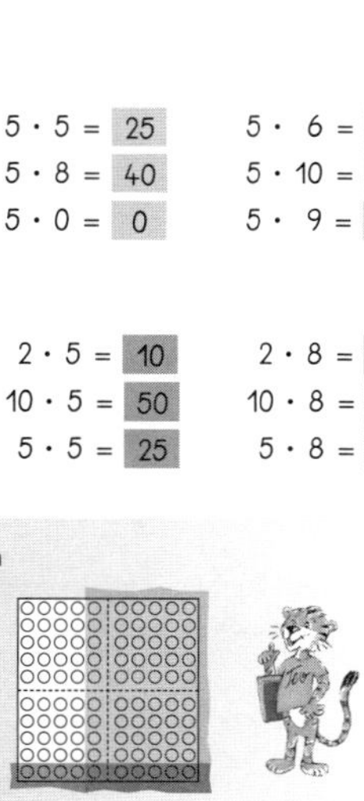

© Lernen mit Teo & Tia, G&G Verlag

4.

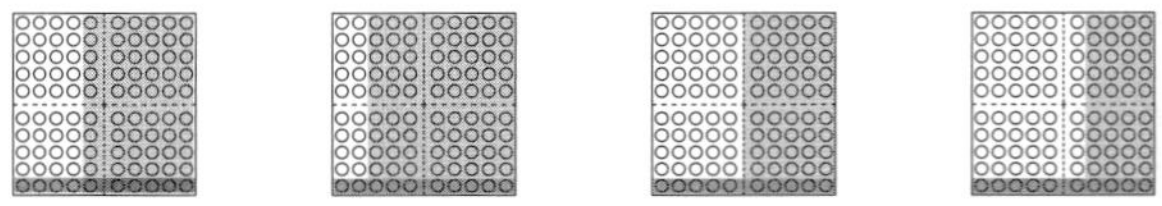

10 · 4 = 40 9 · 4 = 36 Ich ziehe 4 ab.	10 · 2 = 20 9 · 2 = 18 Ich ziehe 2 ab.	10 · 5 = 50 9 · 5 = 45 Ich ziehe 5 ab.	10 · 6 = 60 9 · 6 = 54 Ich ziehe 6 ab.
10 · 8 = 80 9 · 8 = 72 Ich ziehe 8 ab.	10 · 7 = 70 9 · 7 = 63 Ich ziehe 7 ab.	10 · 9 = 90 9 · 9 = 81 Ich ziehe 9 ab.	10 · 10 = 100 9 · 10 = 90 Ich ziehe 10 ab.

5. Diese Aufgaben kannst du schon.

2 · 3 = 6	2 · 5 = 10	2 · 7 = 14	2 · 8 = 16	2 · 2 = 4
10 · 3 = 30	10 · 5 = 50	10 · 7 = 70	10 · 8 = 80	10 · 2 = 20
5 · 3 = 15	5 · 5 = 25	5 · 7 = 35	5 · 8 = 40	5 · 2 = 10
9 · 3 = 27	9 · 5 = 45	9 · 7 = 63	9 · 8 = 72	9 · 2 = 18
2 · 4 = 8	2 · 6 = 12	2 · 9 = 18	2 · 1 = 2	2 · 0 = 0
10 · 4 = 40	10 · 6 = 60	10 · 9 = 90	10 · 1 = 10	10 · 0 = 0
5 · 4 = 20	5 · 6 = 30	5 · 9 = 45	5 · 1 = 5	5 · 0 = 0
9 · 4 = 36	9 · 6 = 54	9 · 9 = 81	9 · 1 = 9	9 · 0 = 0

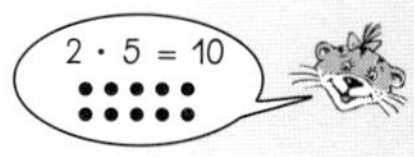

6.

5 · 4 = 20	5 · 6 = 30	5 · 3 = 15	5 · 7 = 35	5 · 8 = 40
4 · 5 = 20	6 · 5 = 30	3 · 5 = 15	7 · 5 = 35	8 · 5 = 40

© Lernen mit Teo & Tia, G&G Verlag

Arbeite das Buch der Reihe nach, Seite für Seite durch. Hast du eine Seite geschafft, klebe oben einen Sticker ein (grauer Tigerkopf). So kannst du sehen, wie dein Wissen Sticker für Sticker wächst!

Dieses
Buch gehört:

____

Versechsfachen

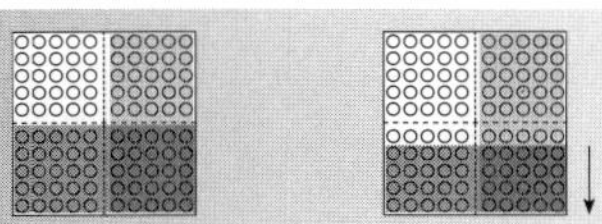

Das ist 5 · 5.
5 · 5 = 25

Ich habe 1 · 5 dazugegeben. Die blaue Folie wird um 1 · 5 hinuntergeschoben und es sind 1 · 5 mehr Punkte sichtbar. Gesamt: 6 · 5
6 · 5 = 30

1.

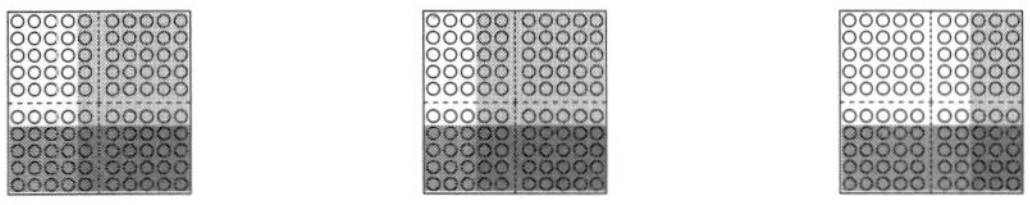

6 · 4 = 24
5 · 4 = 20, 4 dazu

6 · 3 = 18
5 · 3 = 15, 3 dazu

6 · 7 = 42
5 · 7 = 35, 7 dazu

2. Zuerst Verfünffachen, dann Versechsfachen.

6 · 2 = 12, weil 5 · 2 = 10 und 2 dazu.
6 · 6 = 36, weil 5 · 6 = 30 und 6 dazu.
6 · 8 = 48, weil 5 · 8 = 40 und 8 dazu.
6 · 3 = 18, weil 5 · 3 = 15 und 3 dazu.
6 · 9 = 54, weil 5 · 9 = 45 und 9 dazu.
6 · 5 = 30, weil 5 · 5 = 25 und 5 dazu.

3.

10 · 3 = 30
10 · 8 = 80
10 · 4 = 40
10 · 5 = 50

9 · 2 = 18 denke an 10 · 2 = 20
9 · 6 = 54 denke an 10 · 6 = 60
9 · 7 = 63 denke an 10 · 7 = 70
9 · 8 = 72 denke an 10 · 8 = 80

5 · 4 = 20
5 · 7 = 35
5 · 9 = 45
5 · 2 = 10

6 · 3 = 18 denke an 5 · 3 = 15
6 · 5 = 30 denke an 5 · 5 = 25
6 · 7 = 42 denke an 5 · 7 = 35
6 · 8 = 48 denke an 5 · 8 = 40

Tausche:
8 · 2 = 16 denke an 2 · 8 = 16
6 · 5 = 30 denke an 5 · 6 = 30
7 · 6 = 42 denke an 6 · 7 = 42
8 · 6 = 48 denke an 6 · 8 = 48

© Lernen mit Teo & Tia G&G Verlag

Verdreifachen

Verdoppeln, also 2 mal, kann ich schon sehr gut.
2 · 4 = 8

Ich möchte 3 · 4 wissen. Ich gebe noch 4 dazu.
2 · 4 = 8, 4 dazu
3 · 4 = 12

1.

3 · 3 = 3 + 3 + 3 → 2 · 3 = 6, noch 3 dazu 3 · 3 = 9
3 · 2 = 2 + 2 + 2 → 2 · 2 = 4, noch 2 dazu 3 · 2 = 6
3 · 5 = 5 + 5 + 5 → 2 · 5 = 10, noch 5 dazu 3 · 5 = 15
3 · 8 = 8 + 8 + 8 → 2 · 8 = 16, noch 8 dazu 3 · 8 = 24
3 · 6 = 6 + 6 + 6 → 2 · 6 = 12, noch 6 dazu 3 · 6 = 18
3 · 7 = 7 + 7 + 7 → 2 · 7 = 14, noch 7 dazu 3 · 7 = 21
3 · 9 = 9 + 9 + 9 → 2 · 9 = 18, noch 9 dazu 3 · 9 = 27

2. Nun kannst du schon viele Malrechnungen.

2 · 6 = 12	10 · 3 = 30	5 · 3 = 15	9 · 3 = 27	3 · 4 = 12
2 · 7 = 14	10 · 7 = 70	5 · 4 = 20	9 · 1 = 9	3 · 9 = 27
2 · 9 = 18	10 · 4 = 40	5 · 7 = 35	9 · 8 = 72	3 · 5 = 15
2 · 3 = 6	10 · 8 = 80	5 · 2 = 10	9 · 0 = 0	3 · 8 = 24
2 · 8 = 16	10 · 6 = 60	5 · 9 = 45	9 · 9 = 81	3 · 2 = 6

Schreibe die fehlenden Rechnungen zu den Päckchen auf und löse sie. Arbeite in deinem Heft.

3.

10 · 3 = 30	10 · 4 = 40	10 · 5 = 50	10 · 7 = 70
5 · 3 = 15	5 · 4 = 20	5 · 5 = 25	5 · 7 = 35
6 · 3 = 18	6 · 4 = 24	6 · 5 = 30	6 · 7 = 42
2 · 3 = 6	2 · 4 = 8	2 · 5 = 10	2 · 7 = 14
3 · 3 = 9	3 · 4 = 12	3 · 5 = 15	3 · 7 = 21
9 · 3 = 27	9 · 4 = 36	9 · 5 = 45	9 · 7 = 63

© Lernen mit Teo & Tia, G&G Verlag

Vervierfachen

Wenn ich 4 · 6 nicht weiß, kann ich auch 5 · 6 denken.
5 · 6 = 30, minus 6
4 · 6 = 24

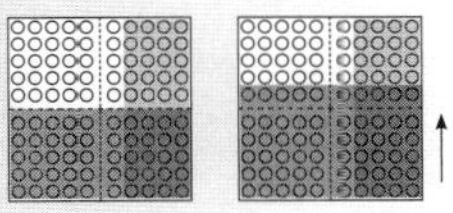

1. Rechne wie Teo.

5 · 8 = 40, 4 · 8 = 32 (− 8)
5 · 3 = 15, 4 · 3 = 12 (− 3)
5 · 7 = 35, 4 · 7 = 28 (− 7)
5 · 4 = 20, 4 · 4 = 16 (− 4)
5 · 9 = 45, 4 · 9 = 36 (− 9)
5 · 5 = 25, 4 · 5 = 20 (− 5)

Ich überlege für 4 · 6 anders:
2 · 6 = 12, dazu noch einmal 2 · 6
4 · 6 = 24, also das Doppelte

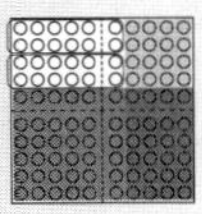

2. Rechne wie Tia.

4 · 4 → 2 · 4 = 8, dazu noch einmal 2 · 4 → 4 · 4 = 16
4 · 5 → 2 · 5 = 10, dazu noch einmal 2 · 5 → 4 · 5 = 20
4 · 7 → 2 · 7 = 14, dazu noch einmal 2 · 7 → 4 · 7 = 28
4 · 6 → 2 · 6 = 12, dazu noch einmal 2 · 6 → 4 · 6 = 24
4 · 8 → 2 · 8 = 16, dazu noch einmal 2 · 8 → 4 · 8 = 32

4 · 9 = ?

Du kannst es tauschen, denke an 9 · 4

3. Teo kann einige Malaufgaben noch nicht auswendig. Welche Rechnungen können ihm helfen?

9 · 7 = 63 z. B. Hilfe: 10 · 7 = 70 5 · 7 = 35 z. B. Hilfe: 10 · 7 = 70
4 · 8 = 32 z. B. Hilfe: 2 · 8 = 16 6 · 5 = 30 z. B. Hilfe: 5 · 6 = 30

© Lernen mit Teo & Tia, G&G Verlag

Versiebenfachen

Wie kann ich 7 · 7 lösen?

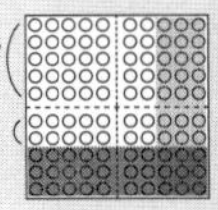

Ich denke an 5 · 7 und dazu noch 2 · 7, also insgesamt 7 · 7 = 49

1. Rechne wie Teo und vertausche.

7 · 5

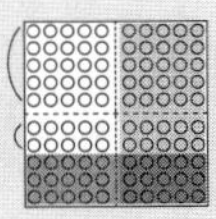

5 · 5 plus
2 · 5 gleich
7 · 5 = 35

Tausche.
7 · 5 = 5 · 7 = 35

7 · 6

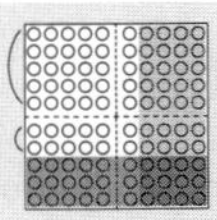

5 · 6 plus
2 · 6 gleich
7 · 6 = 42

Tausche.
7 · 6 = 6 · 7 = 42

7 · 8

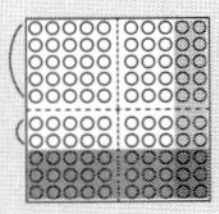

5 · 8 plus
2 · 8 gleich
7 · 8 = 56

Tausche.
7 · 8 = 8 · 7 = 56

7 · 4

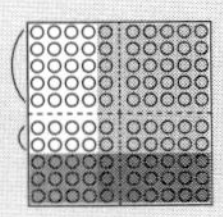

5 · 4 plus
2 · 4 gleich
7 · 4 = 28

Tausche.
7 · 4 = 4 · 7 = 28

2. Welche Rechnungen können dir helfen?

7 · 3 = 21 z. B. Hilfe: 3 · 7 = 21 7 · 4 = 28 z. B. Hilfe: 7 · 2 = 14
7 · 9 = 63 z. B. Hilfe: 7 · 10 = 70 7 · 7 = 49 z. B. Hilfe: 5 · 7 + 2 · 7
7 · 2 = 14 z. B. Hilfe: 2 · 7 = 14 7 · 6 = 42 z. B. Hilfe: 7 · 7 − 1 · 7

© Lernen mit Teo & Tia, G&G Verlag

Verachtfachen

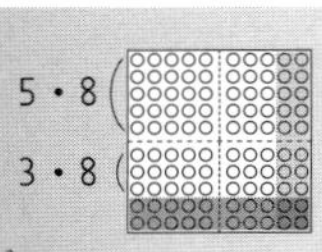

8 · 8 stelle ich mir so vor:
5 · 8 = 40 und dazu noch
3 · 8 = 24, also insgesamt
8 · 8 = 64

Du kannst bei allen anderen Malrechnungen mit 8 einfach tauschen.

1. Tauschaufgaben mit 8.

8 · 2 = 16	8 · 4 = 32	8 · 3 = 24	8 · 7 = 56	8 · 5 = 40
2 · 8 = 16	4 · 8 = 32	3 · 8 = 24	7 · 8 = 56	5 · 8 = 40
8 · 9 = 72	8 · 1 = 8	8 · 6 = 48	8 · 0 = 0	8 · 8 = 64
9 · 8 = 72	1 · 8 = 8	6 · 8 = 48	0 · 8 = 0	

2. Kannst du dich noch an die Tauschaufgaben mit 7 erinnern?

7 · 2 = 14	7 · 4 = 28	7 · 3 = 21	7 · 8 = 56	7 · 5 = 35
2 · 7 = 14	4 · 7 = 28	3 · 7 = 21	8 · 7 = 56	5 · 7 = 35
7 · 9 = 63	7 · 1 = 7	7 · 6 = 42	7 · 0 = 0	7 · 7 = 49
9 · 7 = 63	1 · 7 = 7	6 · 7 = 42	0 · 7 = 0	

3. Welche Rechnungen können dir helfen? Hilfsrechnungen sind Beispiele.

6 · 7 = 42	Hilfe: 6 · 6 + 1 · 6	8 · 4 = 32	Hilfe: 2 · 8 + 2 · 8
8 · 3 = 24	Hilfe: 2 · 8 + 1 · 8	9 · 7 = 63	Hilfe: 10 · 7 − 1 · 7
6 · 8 = 48	Hilfe: 5 · 6 + 3 · 6	7 · 6 = 42	Hilfe: 7 · 7 − 1 · 7
9 · 2 = 18	Hilfe: 2 · 9	6 · 4 = 24	Hilfe: 2 · 6 + 2 · 6
4 · 5 = 20	Hilfe: 5 · 4	7 · 4 = 28	Hilfe: 7 · 2 + 7 · 2
9 · 6 = 54	Hilfe: 10 · 6 − 1 · 6	9 · 3 = 27	Hilfe: 10 · 3 − 1 · 3
5 · 9 = 45	Hilfe: 10 · 5 − 1 · 5	5 · 7 = 35	Hilfe: 5 · 5 + 2 · 5
7 · 8 = 56	Hilfe: 7 · 7 + 1 · 7	7 · 3 = 28	Hilfe: 2 · 7 + 1 · 7
4 · 9 = 36	Hilfe: 4 · 10 − 1 · 4	4 · 6 = 24	Hilfe: 2 · 6 + 2 · 6

© Lernen mit Teo & Tia, G&G Verlag

Aufgaben zum Rechnen und Nachdenken

1. Überlege immer, welche Rechnung dir helfen kann.

3 · 8 = 24	5 · 2 = 10	9 · 1 = 9	7 · 2 = 14
3 · 4 = 12	5 · 8 = 40	9 · 7 = 63	7 · 8 = 56
3 · 9 = 27	5 · 4 = 20	9 · 3 = 27	7 · 4 = 28
3 · 5 = 15	5 · 9 = 45	9 · 9 = 81	7 · 6 = 42
6 · 6 = 36	8 · 9 = 72	4 · 3 = 12	2 · 9 = 18
6 · 3 = 18	8 · 3 = 24	4 · 6 = 24	2 · 2 = 4
6 · 9 = 54	8 · 1 = 8	4 · 4 = 16	2 · 8 = 16
6 · 7 = 42	8 · 6 = 48	4 · 8 = 32	2 · 6 = 12

2.

1 · 1 = 1

2 · 2 = 4

3 · 3 = 9

4 · 4 = 16

5 · 5 = 25

6 · 6 = 36
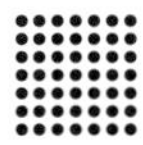
7 · 7 = 49
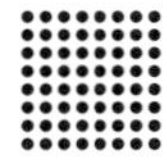
8 · 8 = 64
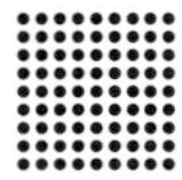
9 · 9 = 81
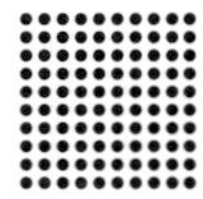
10 · 10 = 100

Die Darstellungen dieser Malrechnungen schauen aus wie Quadrate.

3. Finde eine passende Malaufgabe. Beispiellösung:

3 · 8 = 24	3 · 6 = 18	8 · 4 = 32	7 · 0 = 0
8 · 3 = 24	4 · 4 = 16	8 · 8 = 64	3 · 9 = 27
4 · 6 = 24	3 · 4 = 12	9 · 9 = 81	8 · 7 = 56
6 · 4 = 24	5 · 4 = 20	5 · 5 = 25	6 · 6 = 36

© Lernen mit Teo & Tia, G&G Verlag

Kniffelige Aufgaben

Wenn du mit 0 multiplizierst, ist das Ergebnis immer 0.
→ eine Zahl mal 0 oder 0 mal eine Zahl = 0

1.

0 · 6 = 0	0 · 22 = 0	5 · 0 = 0	58 · 0 = 0
0 · 8 = 0	0 · 46 = 0	7 · 0 = 0	0 · 27 = 0
0 · 12 = 0	0 · 53 = 0	9 · 0 = 0	72 · 0 = 0
97 · 0 = 0	23 · 0 = 0	71 · 0 = 0	64 · 0 = 0

Wenn du 0 addierst oder subtrahierst, ist das Ergebnis die Ausgangszahl.
→ eine Zahl plus 0 oder eine Zahl minus 0 = die Ausgangszahl

2. Schau genau! Hier gibt es auch Plus- und Minusaufgaben!

20 − 0 = 20	9 − 0 = 9	8 · 0 = 0	100 · 0 = 0
4 + 0 = 4	0 · 4 = 0	13 + 0 = 13	0 + 16 = 0
0 · 2 = 0	7 + 0 = 7	71 − 0 = 71	10 − 0 = 10
0 · 6 = 0	0 + 8 = 8	14 − 0 = 14	27 − 0 = 27

Wenn du mit 1 multiplizierst, ist das Ergebnis immer die Ausgangszahl.
→ eine Zahl mal 1 oder 1 mal eine Zahl = die Ausgangszahl

3.

1 · 5 = 5	9 · 1 = 9	8 + 0 = 8	1 + 29 = 30
1 · 8 = 8	47 · 1 = 47	11 · 1 = 11	99 · 0 = 0
1 · 7 = 7	28 · 1 = 28	8 · 0 = 0	1 · 16 = 16
1 · 19 = 19	9 − 1 = 8	13 + 0 = 13	10 − 0 = 10
12 · 1 = 12	0 · 12 = 0	22 · 0 = 0	10 · 0 = 0

© Lernen mit Teo & Tia, G&G Verlag

Multiplizieren und Dividieren

Ich habe 20 Äpfel und soll immer 4 Äpfel in eine Packung geben.
Ich brauche 5 Packungen.
20 : 4 = 5, weil 5 · 4 = 20

Ich habe 20 Bonbons und möchte sie gerecht auf 5 Kinder aufteilen.
Jedes Kind bekommt 4 Bonbons.
20 : 5 = 4, weil 4 · 5 = 20

Denke beim Lösen der Division an die Einmaleins-Aufgabe.

7 · 5 = 35 → 35 : 5 = 7
7 · 5 = 35 → 35 : 7 = 5

1.

3 · 7 = 21	4 · 3 = 12	5 · 8 = 40	2 · 9 = 18
21 : 3 = 7	12 : 4 = 3	40 : 5 = 8	18 : 2 = 9
21 : 7 = 3	12 : 3 = 4	40 : 8 = 5	18 : 9 = 2

2.

28 : 4 = 7, weil 7 · 4 = 28
63 : 9 = 7, weil 7 · 9 = 63
32 : 8 = 4, weil 4 · 8 = 32
49 : 7 = 7, weil 7 · 7 = 49
14 : 2 = 7, weil 7 · 2 = 14
45 : 5 = 9, weil 9 · 5 = 45
27 : 3 = 9, weil 9 · 3 = 27
48 : 6 = 8, weil 8 · 6 = 48
20 : 5 = 4, weil 4 · 5 = 20
21 : 7 = 3, weil 3 · 7 = 21

3.

18 : 2 = 9	64 : 8 = 8	21 : 3 = 7	42 : 7 = 6
36 : 9 = 4	63 : 9 = 7	28 : 4 = 7	72 : 9 = 8
54 : 6 = 9	81 : 9 = 9	56 : 8 = 7	25 : 5 = 5
50 : 5 = 10	36 : 4 = 9	42 : 6 = 7	24 : 3 = 8

© Lernen mit Teo & Tia, G&G Verlag

Passende Lösungswege finden

1. Luis und Marie sammeln Muscheln. Luis hat 26 Muscheln und Marie hat 19 Muscheln. Wie viele Muscheln haben sie zusammen?

26 + 19 = 45
Sie haben 45 Muscheln gemeinsam.

2. Eine Zahl hat sich versteckt.
Sie …
… ist gerade.
… gehört zu den 3-mal-Aufgaben.
… liegt zwischen 20 und 25.
Die Zahl heißt 24.

3. Ivana und Simon laufen voneinander weg. Beim Stoppsignal ist Ivana 39 Meter weit gelaufen. Simon ist 37 Meter gelaufen. Wie weit sind sie nun voneinander entfernt?

39 + 37 = 76
Sie sind 76 Meter voneinander entfernt.

4. Marian hat 47 Perlen aufgefädelt. Durch ein Missgeschick rutschen ihm 25 Perlen von der Schnur. Wie viele Perlen sind nun auf der Schnur?

47 − 25 = 22
Es sind nun 22 Perlen auf der Schnur.

5. Katharina ist 9 Jahre alt. Ihr Bruder ist doppelt so alt.

2 · 9 = 18
Ihr Bruder ist 18 Jahre alt.

6. Frau Maler fährt mit dem Bus in die Stadt. Sie braucht dazu 10 Minuten. Sie hat in der Geldbörse 75 Euro.

Nicht lösbar.

7. Finde die passende Antwort zur Frage. Kreuze an.
Wie viel erhält Klaus zurück?
- O Er zahlt 27 Euro.
- ☒ Er erhält 27 Euro.
- O Es kostet 27 Euro.

8. Wie musst du rechnen? PLUS oder MINUS? Kreuze an.
Opas Buch hat 97 Seiten. 38 Seiten hat er bereits gelesen.
O PLUS ☒ MINUS

9. Amelie kauft 7 Hefte zu je 2 Euro.

7 · 2 = 14
7 Hefte kosten 14€.

10. Eine Bohnenpflanze ist 87 cm hoch. Nach einigen Tagen misst sie bereits 1 m. Wie viele cm ist die Bohnenpflanze gewachsen?

87 + 13 = 1 m (100 cm)
Die Bohnenpflanze ist 13 cm gewachsen.

 © Lernen mit Teo & Tia, G&G Verlag

Wege gehen und beschreiben: Im Streichel- und Kleintierzoo

1. Tia meint: „Ich gehe zuerst zu den Eidechsen, dann zu den Hamstern und weiter zu den Ponys." Teo sagt: „Ich gehe zuerst zu den Ponys und dann zu den Enten und Gänsen." Zeige und beschreibe die Wege von Tia und Teo.

Tia geht vom Eingang gerade aus, dann rechts (zwischen Insekten, Hamster und Esel), dann links (zwischen Hamster und Hühner), nach den Hühnern rechts und kommt bei den Eidechsen an … Teo geht vom Eingang gerade aus zu den Ponys, dann geht er nach rechts (zwischen Insekten, Hamster und Esel). Bei den Hühnern muss er nach rechts abbiegen. Dann kommt er zu den Enten und Gänsen …

2. Lisa geht ohne Umweg von den Ponys zu den Eidechsen. An welchen Tieren kommt sie vorbei?

Schafe und Ziegen auf der linken Seite, Insekten, Hamster und Hühner auf der rechten Seite.

3. Mia will vom Eingang zu den Hamstern gehen. Welche Wege könnte sie nehmen?

(1) geradeaus, zweite Querstraße rechts
(2) geradeaus – erste Querstraße rechts

4. Leo will von den Eseln zu den Eidechsen. Welche Wege könnte er nehmen?

(1) Weg zwischen den Hühnern und Hamstern, dann rechts und geradeaus.
(2) Weg zwischen Ponys und Insekten, dann rechts und geradeaus.
(3) Weg zwischen Insekten und Hamstern, dann rechts und geradeaus.

5. Wie kommt man schnell von den Kaninchen zu den Hühnern?

Erste Querstraße rechts, zwischen Insekten, Hamster und Esel.

6. Suche selbst Wege und beschreibe sie.

© Lernen mit Teo & Tia, G&G Verlag

Spiegelfiguren – Symmetrie

Ob das Spiegelbild richtig ist, kannst du mit einem Spiegel feststellen.

1. Zeichne die Spiegelbilder.

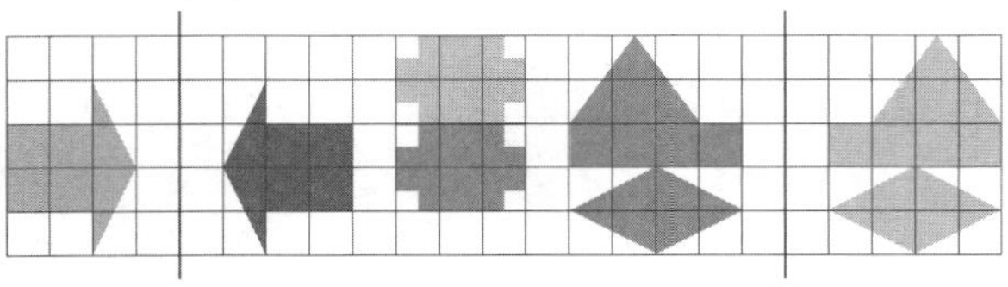

2. Zeichne das Spiegelbild.

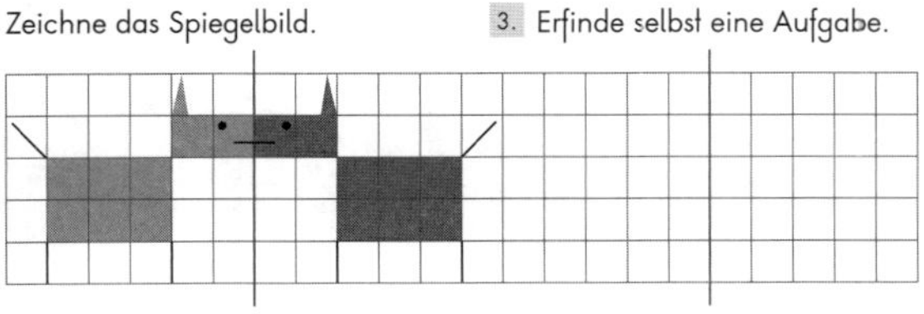

3. Erfinde selbst eine Aufgabe.

4. Welches Spiegelbild passt?

Richtig ist Lösung C.

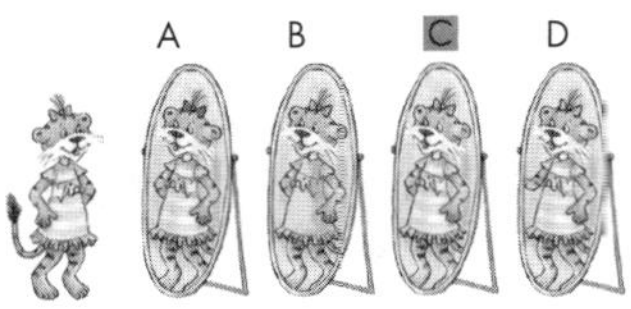

5. Auch Buchstaben und Wörter können symmetrisch sein. Zeichne die Symmetrieachsen ein.

T C H A M W

UHU TAT OTTO

6. Finde weitere symmetrische Figuren und zeichne sie.

 © Lernen mit Teo & Tia, G&G Verlag

Verschiedene geometrische Körper

Würfel: Quader: Kugel: Kegel: Pyramide: Zylinder:

Körper haben Flächen 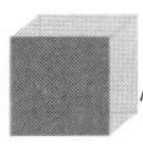, Kanten 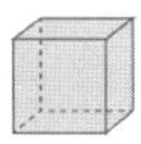 und Ecken 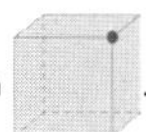.

1. Viele Gegenstände des Alltags haben (fast) die Form der oben genannten geometrischen Körper. Schreibe dazu.

2. Wie viele Flächen, Kanten und Ecken haben die Körper?

Anzahl	Würfel	Quader	Kugel	Kegel	Pyramide	Zylinder
Flächen	6	6	1	2	5 (quadrat. Pyramide)	3
Kanten	12	12	0	1	8	2
Ecken	8	8	0	1	5	0

3. Setze die richtigen Wörter ein.

sechs Kreise zwölf Quadrate Kanten Würfel acht Rechtecke Ecken Dreiecke

Ein Quader hat zwölf Kanten und acht Ecken. Seine Außenflächen sind Rechtecke. Ein Würfel hat zwölf Kanten und acht Ecken. Seine Außenflächen sind Quadrate.

© Lernen mit Teo & Tia, G&G Verlag

Gewicht – Kilogramm und Dekagramm

1 Kilogramm = 100 Dekagramm
1 kg = 100 dag

Das Gewicht kannst du mit einer Waage ermitteln.

1. Wie viel wiegen die Gegenstände?

65 dag | 100 dag | 57 dag

2. Was passt zusammen? Verbinde.

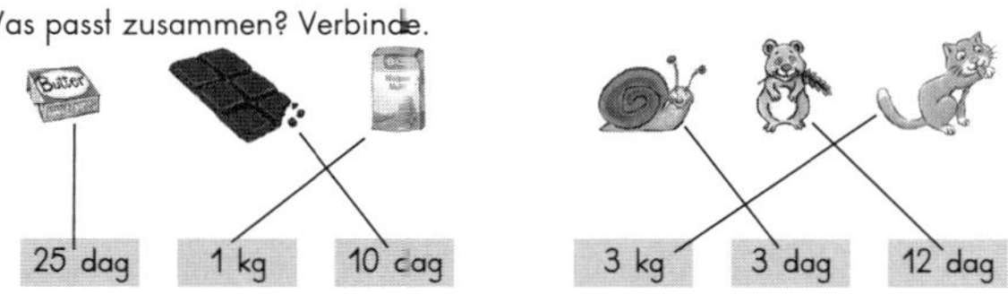

25 dag | 1 kg | 10 dag | 3 kg | 3 dag | 12 dag

3. Ordne. Beginne mit dem Schwersten.
Buch, Heft, Schultasche: Schultasche, Buch, Heft
Schaf, Hase, Kuh: Kuh, Schaf, Hase
Auto, Roller, Lastwagen: Lastwagen, Auto, Roller

4. Berechne.
1 kg 20 dag + 50 dag = 1 kg 70 dag
30 dag + 70 dag = 100 dag = 1 kg 0 dag
1 kg – 80 dag = 20 dag
1 kg – 8 dag = 92 dag

© Lernen mit Teo & Tia, G&G Verlag

Die Zeit: Jahr, Monate, Wochen, Tage

Heute habe ich Geburtstag. Ich bin 1 Jahr älter geworden. Das sind 12 Monate oder 52 Wochen oder 365 Tage.

Alle 4 Jahre hat das Jahr 366 Tage (Schaltjahr).

1. Ordne die Monate der Reihe nach. Fange mit dem Jahresbeginn an.

März 3 | Oktober 10 | Jänner 1 | August 8 | April 4 | November 11
Juli 7 | September 9 | Mai 5 | Dezember 12 | Juni 6 | Februar 2

2. Wie viele Tage haben die einzelnen Monate?
Jänner (31), Februar (28 oder 29), März (31), April (30), Mai (31), Juni (30), Juli (31), August (31), September (30), Oktober (31), November (30), Dezember (31)

3. Wie viele Tage sind es bis zum Geburtstag? Heute ist der 20. Juli.
Ali hat am 1. August Geburtstag. 11 Tage
Selma hat am 15. September Geburtstag. 57 Tage
Xi hat am 1. Jänner Geburtstag. 164 Tage

4. Welches Datum ist heute? In wie vielen Tagen hast du Geburtstag?
Heutiges Datum: ______ Tage bis zum Geburtstag: ______

5. Montag, Dienstag, Mittwoch, Donnerstag, Freitag, Samstag, Sonntag

6. Heute ist Samstag. Welcher Wochentag …
war vor drei Tagen? Mittwoch
war vor sieben Tagen? Samstag
ist in fünf Tagen? Donnerstag
ist in zwei Tagen? Montag

7. Montag, 10. Februar 2020
Welches Datum ist genau 1 Woche später? Montag, 17. Februar 2020
Welches Datum ist genau 1 Woche vorher? Montag, 03. Februar 2020

© Lernen mit Teo & Tia, G&G Verlag

Die Zeit: Tag, Stunden, Minuten und Sekunden

Ein Tag hat 24 Stunden.
Eine Stunde hat 60 Minuten (1 h = 60 min).
Eine Minute hat 60 Sekunden (1 min = 60 s).

1. Wie spät ist es? Lies die Uhrzeit ab.

7.00 Uhr | 13.15 Uhr | 15.45 Uhr | 11.30 Uhr | 8.50 Uhr

2. Tia schaut auf ihre Uhr. Es ist 8.15 Uhr. Wie spät ist es …
in 1 Stunde 10 Minuten? 9.25 Uhr
in 2 Stunden? 10.15 Uhr
in 45 Minuten? 9.00 Uhr
in 15 Minuten? 8.30 Uhr
in 1 Stunde 25 Minuten? 9.40 Uhr

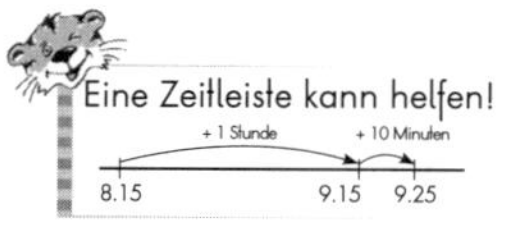

3. Teo schaut auf die Uhr. Es ist 10.45 Uhr. Wie spät war es …
vor 4 Stunden? 6.45 Uhr
vor 45 Minuten? 10.00 Uhr
vor 25 Minuten? 10.20 Uhr
vor 1 Stunde 40 Minuten? 9.05 Uhr

4. Teo und Tia stehen um 6.45 Uhr auf und um 7.55 Uhr sind sie in der Schule.
1 Stunde 10 Minuten

Ein Zug fährt um 11.25 Uhr ab und kommt um 12.45 Uhr an.
1 Stunde 20 Minuten

5. Teo und Tia stoppen ihre Freunde beim Laufen. Wie viele Sekunden brauchten sie? Ein Umlauf des Sekundenzeigers ist eine Minute!

35 s | 15 s | 55 s | 10 s | 30 s

© Lernen mit Teo & Tia, G&G Verlag

Liter und Diagramme

1. Tia und Teo schauen einem Obstbauern zu, wie er Saft aus dem eigenen Obst herstellt. Er macht Apfelsaft, Birnensaft, Traubensaft und Ribiselsaft.
Der Saft wird in Literflaschen abgefüllt.

Wie viele Flaschen gibt es schon von jeder Sorte?

Zeichne ein Diagramm.

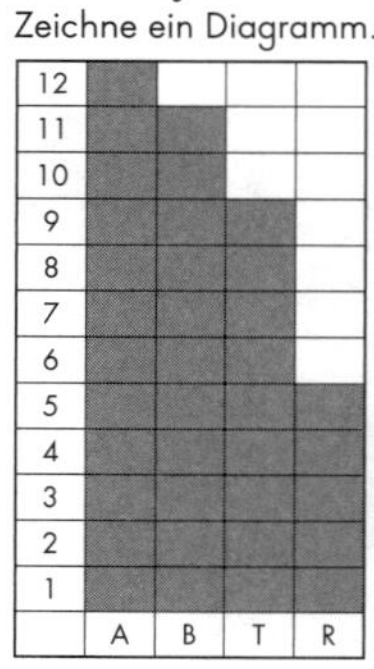

Erstelle eine Strichliste.

A	12
B	11
T	9
R	5

2. Zum Trinken verdünnt Teo den Saft mit Wasser. Aus einem Liter bekommt er vier Liter. Wie viele Liter bekommt er aus …

zwei Liter? 8 Liter | drei Liter? 12 Liter | fünf Liter? 20 Liter

3. Mit einem Liter Saft füllt Tia fünf Gläser. Wie viele Gläser füllt sie mit …
zwei Litern? 10 Gläser
drei Litern? 15 Gläser
fünf Litern? 25 Gläser
sieben Litern? 35 Gläser
acht Litern? 40 Gläser
zehn Litern? 50 Gläser

© Lernen mit Teo & Tia, G&G Verlag

A

Aufgabe	
2 · 3	20
2 · 7	18
2 · 5	12
2 · 2	16
2 · 4	6
2 · 6	14
2 · 1	2
2 · 10	10
2 · 8	4
2 · 9	8

Anleitung Faltbüchlein

1. Die Büchlein entlang der dicken Linie ausschneiden. Anschließend die Büchlein an der strichlierten Linie einschneiden, nur bis zur Mittellinie (punktierte Linie).
2. An der punktierten Linie falten, sodass die Aufgaben (Rechnungen) oben sind. Die Faltbüchlein können in beide Richtungen gefaltet und geklappt werden. Auf beiden Seiten befinden sich Multiplikationsaufgaben.
3. Selbstkontrolle: Durch Hochklappen der einzelnen Aufgaben wird das jeweilige Ergebnis sichtbar.

B

10 · 4	100
10 · 9	40
10 · 3	80
10 · 8	20
10 · 1	50
10 · 2	70
10 · 5	10
10 · 7	60
10 · 10	30
10 · 6	90

G

3 · 9	15
3 · 1	30
3 · 8	12
3 · 10	9
3 · 6	24
3 · 4	15
3 · 2	3
3 · 5	27
3 · 7	18
3 · 3	6

C

5 · 6	25
5 · 10	45
5 · 3	20
5 · 9	35
5 · 6	10
5 · 2	30
5 · 7	5
5 · 4	40
5 · 1	15
5 · 5	50

F

6 · 5	48
6 · 1	24
6 · 4	60
6 · 10	36
6 · 2	42
6 · 6	54
6 · 9	6
6 · 3	30
6 · 7	12
6 · 8	18

D

9 · 3	72
9 · 7	63
9 · 5	45
9 · 2	36
9 · 4	90
9 · 6	18
9 · 10	9
9 · 8	54
9 · 1	81
9 · 9	27

E

4 · 2	32
4 · 5	16
4 · 7	12
4 · 10	40
4 · 6	24
4 · 4	36
4 · 9	4
4 · 3	8
4 · 8	28
4 · 1	20

Zuordnung Faltbüchlein im Buch

Büchlein A: Ende Seite 28
Büchlein B: Ende Seite 28
Büchlein C: Ende Seite 30
Büchlein D: Ende Seite 31
Büchlein E: Ende Seite 34
Büchlein F: Ende Seite 32
Büchlein G: Ende Seite 33

4 · 2	18
2 · 2	16
5 · 2	20
1 · 2	2
7 · 2	12
3 · 2	8
8 · 2	4
6 · 2	10
9 · 2	14
10 · 2	6

2 · 3	9
6 · 3	21
9 · 3	15
1 · 3	6
5 · 3	12
8 · 3	18
3 · 3	30
4 · 3	24
10 · 3	3
5 · 3	27

9 · 10	60
3 · 10	100
6 · 10	70
1 · 10	50
7 · 10	20
5 · 10	10
2 · 10	80
8 · 10	30
4 · 10	90
10 · 10	40

3 · 6	48
2 · 6	42
5 · 6	18
1 · 6	54
9 · 6	36
7 · 6	12
6 · 6	60
10 · 6	24
4 · 6	6
8 · 6	30

10 · 5	25
3 · 5	5
8 · 5	20
1 · 5	35
6 · 5	10
2 · 5	30
7 · 5	45
4 · 5	15
9 · 5	50
5 · 5	30

5 · 4	4
7 · 4	32
2 · 4	12
1 · 4	36
9 · 4	16
6 · 4	24
10 · 4	40
3 · 4	28
4 · 4	20
8 · 4	8

3 · 9	81
9 · 9	9
6 · 9	72
1 · 9	90
2 · 9	54
10 · 9	36
4 · 9	18
5 · 9	45
7 · 9	63
8 · 9	27

Hunderterfeld

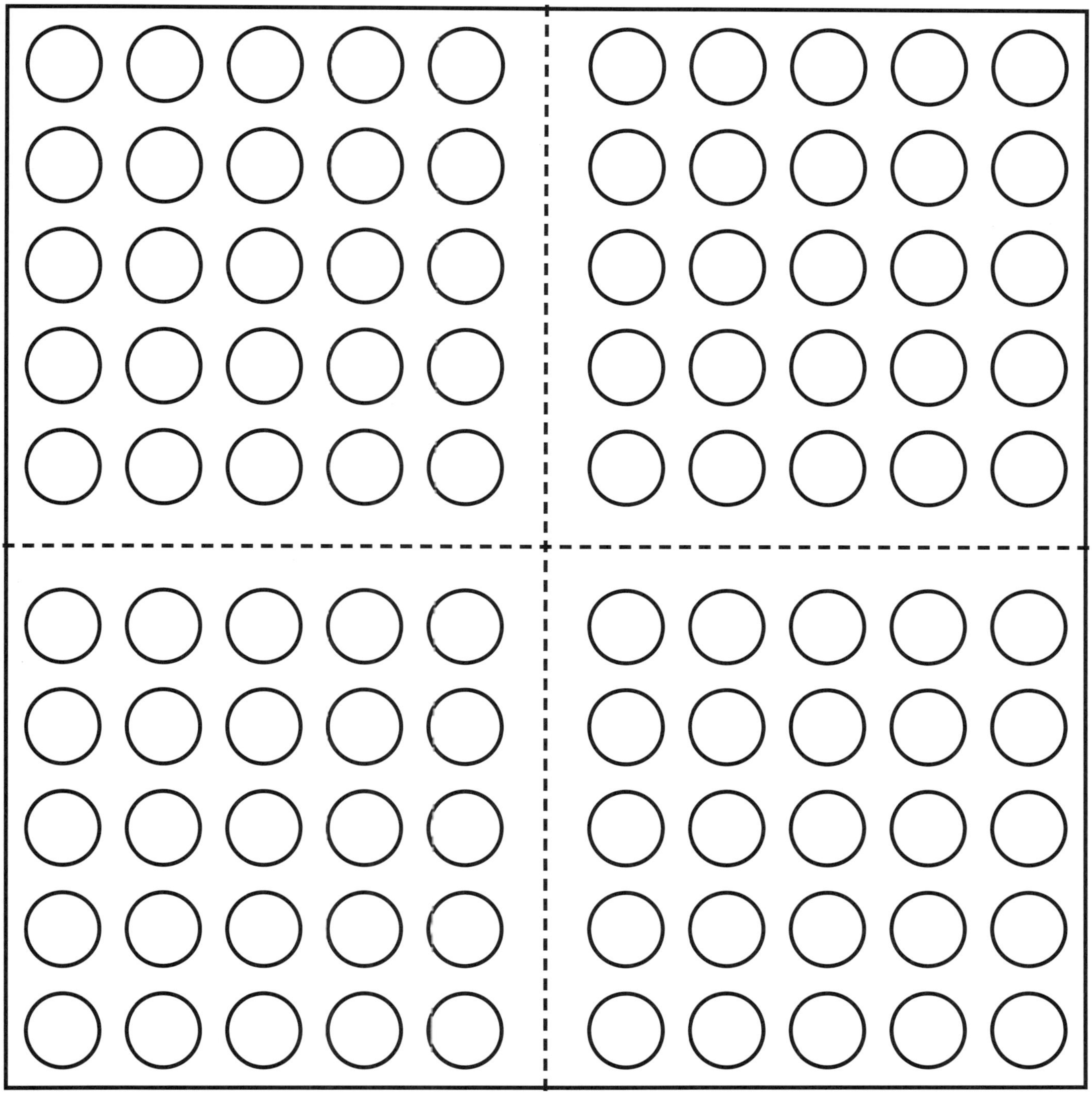